## 유지미

한강 작가의 노벨문학상 수상 소식에 이어, 계속 위축되던 출판시장이 활황을 찾고, 남들로부터 차별화된 것을 추구하고자 하는 MZ세대가 독서를 즐기는 시대이다. 평생 자신의 신앙생활을 성서를 경전으로 추구해온 신앙인들이야말로 평생 텍스트힙 세대가 아닐까. 다변화된 세상에 살아가며 세상과 소통해가야할 우리에겐 성서와 함께 읽어갈 텍스트가 필요하다. 고전의 모습이지만 그안에 담긴 보석같은 신앙적 혜안을 대표적 작품의 책갈피에서 찾아보자.

---

연세대학교에서 문헌정보학과 신학을 공부했고(B.A/ Th.B.), 동대학원에서 성서학(신약학)으로 학위를 마쳤으며(Th.M/ Ph.D.), 장신대 신대원을 졸업했다(M.Div.). 연세대 연합신학대학원 겸임교수, 장로회신학대학교 학술연구교수 등을 역임했으며 현재 소망교회 부목사로 시무하고 있다. 한국신약학회 부회장으로 섬기며, 성서와 보편적 지식의 조화를 통해 세상을 아름답게하는 사명을 즐거이 감당하며, 서초 지역에 담임목회를 준비 중이다. 저서로는 <성전과 경제>, <예수의 비유>(공저), <이스라엘성지가이드북>(공저) 등이 있다.

신념있는 자의 텍스트힙

# 책갈피
## Bookmark Humanities
# 인문학

BookFunding

# 추천사

성서학 교수 출신 목회자로, 누구보다 성서를 사랑하며 말씀을 즐거이 전하는 유지미 목사님께서 이 시대에 꼭 필요한 저작을 출간하시게 되어 저 또한 반갑습니다. 특별히 소망교회에서 그간 정성껏 진행하셨던 신앙강좌 강연 전체가 책으로 정리되니 더욱 의미있는 일입니다. 많이 알려진 문학작품들을 신앙의 시각에서 세심하게 통찰한 내용이 큰 감화를 줍니다. 이 땅의 모든 지식 위에 높이 계신 우리 주님의 존재를 알기 원하시는 분들께 이 책을 적극 추천합니다.

**김경진 목사** (소망교회 위임목사, 학교법인 정의학원 이사장)


현대 사회에 만연된 통제 불가의 소유욕은 자본주의 태생의 원리이기도 하다. 반면 정직과 성실이 겪는 좌절은 구원의 희망을 앗아간다. 이러한 현실에 맞닥뜨린 신앙인은 어떻게 해야 하나? 저자는 먼저 이 현상을 다룬 문학작품을 찾는다. 문학과 성서의 접목은 새로운 지평을 열어준다. 문학은 문제가 무엇인지를 드라마틱한 구성으로 알려준다. 그러나 출구는 다른 차원의 조망으로 열린다. 이때 신앙인은 성서의 말씀을 듣는다. 성서는 사람은 욕심이 아니라 원래 신성으로 이루어진 하나님의 자녀임을 강조한다. 이제 정교한 통찰력을 지닌 저자의 안내에 따라 다시 성서를 읽어 보면 감추어져 온 깊은 뜻이 선명하게 각인될 것이다.

**서중석 명예교수** (연세대학교 법인이사/ 前 부총장)

이 책은 성서가 인간 삶의 구석구석까지 어떻게 스며드는지를 탐구한 놀라울 정도로 깊이 있고 예리한 에세이 컬렉션이다. 내가 몸담고 있는 신학교에서는 하나님의 말씀을 정확히 읽어내는 성서해석학 방법을 중시한다. 하지만 이 시대 진정 살아있는 사역을 펼치려면 문화를 '해석'하는 눈이 반드시 필요하다. 시대정신의 맥박을 짚고, 그 안에 숨겨진 갈망과 상처를 읽어내는 것—이것이야말로 성서의 진리를 가슴에 와 닿게 전하는 열쇠이다. 아울러 이 책은 서구 문화의 심층을 들여다보는 탁월한 창을 열어준다. 문학의 걸작들을 성서의 렌즈로 바라보며 그 본질을 꿰뚫어 보는 것이다. 유지미 박사는 이런 접근을 마치 숙련된 장인처럼 능숙하게 구사하며, 위대한 문학작품들을 통해 기독교적 삶을 성찰하는 아름다운 본보기를 제시한다. 성서의 진리로 이 세상과 진심어린 대화를 나누고자 하는 모든 이들에게, 이 책은 더없이 소중한 보물창고가 될 것이다.

**클린턴 E. 아놀드 교수** (미국 Biola University 신약학 교수, 前 탈봇신학교 학장)

## 목차

◆ **서문** ································································································ **08**

### 01  자승자박의 함정

<베니스의 상인> (1596) ·········································· **14**
윌리엄 셰익스피어

### 02  욕망의 만재흘수선

<사람에게는 얼마만큼 땅이 필요한가> (1885) ·············· **26**
레프 톨스토이

### 03  빈 그물에 담는 희망

<노인과 바다> (1952) ············································· **38**
어니스트 헤밍웨이

## 04 격리 그리고 섭리

**<로빈슨 크루소>** (1719) ········· 50
대니얼 디포

## 05 초긍정의 힘

**<빨강머리앤>** (1908) ········· 76
루시모드 몽고메리

## 06 원한의 종착역

**<폭풍의 언덕>** (1847) ········· 96
에밀리 브론테

## 07 민낯 인간 심층 연구

**<걸리버 여행기>** (1726) ········· 116
조너선 스위프트

◆ **참고문헌** ········· 144

# 하늘의 책과 땅의 책 사이를 잇다

좋은 책을 읽는 것은 과거 몇 세기의 가장 훌륭한 사람들과 이야기를 나누는 것과 같다.
데카르트 『방법서설』 (1637)
La lecture de tous les bons livres est comme une conversation avec les plus
honnêtes gens des siècles passés.
René Descartes, Discours de la méthode, 1637

크리스천이 가장 가까이 하는 책은 어떤 것일까? 질문이 의미없을 정도로 정답은 성서일 것이다. 가장 친밀히, 매일 가까이 하는 책이 바로 성서이다. 성서는 하나님의 말씀, 즉 하늘의 책이다. 그러나 우리가 지금 사는 곳은 하늘이 아니라 땅이다. 하늘의 책을 흠모하여 붙들고는 있지만, 그 세계 그대로가 구현되지 않으며, 오히려 쉽지 않은 충돌을 겪게 되는 것은 바로 이런 상황에서 연유한다. 발을 딛고 있는 물리적 세계가 땅이다 보니, 우리에겐 땅의 책도 필요하다. 성서의 세계가 나의 현실과 상관없는 동화처럼 여겨지거나 남의 얘기로만 들려지지 않기 위해서는, 성서 인물도 하나님께서 선택하셨던 몇몇 열심 많은 분들의 전설처럼 치부되지 않기 위해서는, 오히려 이 땅을 이해해야 한다. 이 땅에 존재하는 것들의 속성과 외연을 경험하며, 그 안에서 이 모든 것을 만드신 하나님의 마음을 총체적으로 이해해야 한다. 그래서 필자는 신학교에서 가르칠 때부터 강조한 두 가지가 있다. 첫째는 하나님의 말씀 성서를 집중하여 읽으며 깊이 품으라는 것이었고, 둘째는 우리를 둘러싼 현대 문서들을 읽어야 한다는 것이었다.

현대 문서는 어떤 것이 있을까? 오늘 아침에 읽은 신문, 서점에서 분류해 준 베스트셀러, 계간으로 출간되는 문학 정론지, 다양한 관심사의 전문적인 서적들이 있을 것이다. 당대의 책들뿐 아니라 미디어 또한 중요하다. 드라마에 심취하는 분을 구박할 일이 아니다. 왜냐면 당대 문화 코드를 알아야 세상을 읽을 수 있기 때문이다. 세상에서 사는데 세상을 모르면 세상에서 환영받을 수 없다. 그러면 영향력도 끼칠 수 없다. 그러나 땅에 있는 것들에 너무 골몰하다 보면 하늘의 말씀을 놓칠 수가 있다는 점도 놓치지 말아야 할 것이다.

그렇기 때문에 우리에게는 균형이 필요하다. 하나님 말씀 성서는 소중히 여기면서, 세상 문화를 속되다고 외면하는 것은 최선이 아니다. 예수님께서 승천하시기 전 마지막 남기신 마지막 말씀을 보통 지상 명령(The Great Commission)이라 부른다. "그러므로 너희는 가서 모든 민족을 제자로 삼아 아버지와 아들과 성령의 이름으로 세례를 베풀고 내가 너희에게 분부한 모든 것을 가르쳐 지키게 하라....."(마 28:19-20). 하지만, 우리가 복음의 대상으로 삼는 이 땅의 모든 민족들은 주님께서 '분부한 모든 것'을 쉽게 받아들이지 못하기 마련이다. 그들에게 다가갈 때는 그들의 언어, 그들이 매몰되어 있는 텍스트가 무엇인지 알아야 할 것이다. 우리에게는 이중적 사명이 있다. 내가 크리스천으로 잘 살아내야 할 것과 함께 다른 사람들을 제자 삼고 온전히 크리스천으로 살아내도록 도와야 할 사명이 바로 그것이다. 이를 위해 세상을 알아야 하고, 세상을 지배하고 있는 텍스트도 알아야 한다. 흔들리지 않을 관점을 전하기 위해서는 오히려 세상 사람들보다 더 열심히 텍스트를 접해야 할 것이다.

국립국어원의 표준국어대사전에서 '책갈피'를 찾아보면 두 가지 의미가 설명되어 있다. 1. 책장과 책장의 사이 2. 읽던 곳이나 필요한 곳을 찾기 쉽도록 책의 낱장 사이에 끼워 두는 물건을 통틀어 이르는 말. 필자는, 하늘의 책인 성서와 땅의 책인 고전문학 사이에 필연적으로 존재하는 바로 그 사이를 큰 '책갈피'로 보고 싶다. 그리고 언제든 두 책을 오가며 나에게 역사하시는 하나님의 음성에 쉽게 귀기울일 수 있도록 큰 '책갈피'(bookmark)를 꽂아놓고 싶다.

인문학 열풍이 오래동안 지속되고 있는데, 필자는 크리스천들이야말로 이미 오래 전부터 인문학을 추구해온 분들이라 생각한다. 이른바 문사철이라해서, 문학, 역사, 철학을 인문학의 주요 갈래라고 한다. 성서 안에는 아름다운 시편, 잠언, 아가서 같은 문학이 있다. 성서 안에는 시대를 꿰뚫고 흥미진진하게 개관해주는 역사도 있다. 성서 안에는 인간이 어떻게 살 것인가에 대한 질문과 해답으로 점철된 철학이 있다. 이 모든 것을 가장 이상적으로 담아놓은 책이 바로 성서, 바로 하나님께서 우리에게 주신 하늘의 텍스트인 것이다. 우린 여기에 더해서 한 번더 욕심을 내어 현대 텍스트를 읽어 보자. 현대 텍스트 중에는 이미 쉽게 우리가 누릴 수 있는 것이 많지만, 좀 더 노력해야 접근할 수 있는 고전(古典)이라는 영역도 있다. 고전은 학교라는 현장을 떠나 있는 분들에겐 접근이 좀 어려울 수도 있다. 스스로 각별한 노력을 하지 않고서는 접촉점이 멀게 느껴질 수 있다.

본 저서 <책갈피 인문학>의 주요 목적은, 인문 고전 또는 문학을 통해서 그 안에 나타난 성서적 함의를 찾아보고 신앙적 좌표를 다시 한번 확인하자라는 것이다. 중요한 것은 말씀이지만, 현대 사회에서 존재하는 고전을 읽으며 믿음의 시각에서 크리스천의 삶을 비춰보는 경험에 독자들을 초대하고자 한다. 두 가지 텍스트의 융합점을 함께 모색해 보기 위해, 고전 문학에 대한 소개와 그에 대한 신앙적 탐색이 주요 구성 요소가 될 것이다.

한강 작가의 노벨문학상 수상 소식에 이어, 계속 위축되던 출판시장이 활황을 찾고, 남들로부터 차별화된 것을 추구하고자 하는 MZ세대가 독서를 즐기는 시대가 되었다. 평생 자신의 신앙생활을 성서라는 경전을 통해 추구해온 신앙인들이야말로 평생 텍스트 힙(text hip) 세대가 아닐까. 고전의 모습 안에 담긴 보석같은 신앙적 혜안을 대표적 문학작품의 책갈피에서 찾아보자.

이 책은 필자가 소망교회 시무기간 동안 <신앙강좌>를 통해 거의 매년 한 편씩 성도님들과 나눈 [책갈피 인문학] 7편 모든 강연을 원고로 정리한 것이다. 부족한 이에게 사역의 기회를 주시고 영적으로 이끌어주신 김경진 담임목사님과, 가슴 따뜻한 기도로 응원해주신 소망교회 모든 성도님들께 깊은 감사를 드린다. 하늘의 꿈을 품고 이 땅을 씩씩하게 살아가는 모든 이들에게 작은 선물이 되길 기도드린다.

2025. 6
말씀의 빛이 당신에게

SHINEONU **유 지 미**

# 01
# 자승자박의 함정

## 01
# 자승자박의 함정

윌리엄 셰익스피어 『베니스의 상인』(The Merchant of Venice, 1596)과 분노의 역설적 결말

## I. 자기 덫에 걸린 사람들

 빚진 금액을 정해진 기한 내에 상환하지 못하는 경우, 채무자의 '살 1파운드를 취한다'는 조건으로 한 채무 계약이 성사되었다. 다소 황당한 조건이었지만, 이 계약이 진행된 것은 채무자가 충분히 변제능력이 되기 때문이기도 했고 설마 이런 장난 같은 조건이 실제 이행되진 않을 것이라고 보았던 것 같다. 그러나 예상과 달리 악재가 거듭되며 3천 두카트(ducat, 이탈리아 화폐단위)라는 채무가 약속된 3개월 내에 해결되지 못한다. 친구를 위해 고리대금업자의 손을 빌렸던 한 사업가 청년은, 법정에 끌려와 서슬퍼런 칼을 갈고 작금의 적개심을 해소하려 작정한 유대인 노인의 칼 앞에 무력하게 놓여있다. 두 배 세 배의 금액을 준대도 요동하지 않고 '증서대로' 피고의 심장 바로 가까운 곳의 살만을 달라고 고집부리는 노인은, 증서에 없다는 이유로 과다출혈 시 응급처치를 위한 의사를 대기시켜 달라는 재판장의 요청도 거부한다. 드디어 요청의 적

법성이 인정되고 집행이 언도되려는 순간, 재판장의 첨언이 전달된다.

> "잠깐. 할 얘기가 또 있소. 이 증서에는 피는 한 방울도 원고에게 준다고 하지 않았소. 분명히 '살 1파운드'라고만 씌어 있소. 그러므로 증서의 문장대로 '살 1파운드'를 가질 것. 그러나 살을 베어 냄에 있어서 크리스천(피고)의 피 한 방울이라도 흘릴 때에는 원고의 토지나 재산은 베니스 국법에 의해서 이를 전부 베니스 국고로 몰수하겠소."

셰익스피어의 작품 『베니스의 상인』(The Merchant of Venice)의 명장면이다. 평소 냉대받았던 수치감에 대한 보복으로 채무자 안토니오를 해하려던 샤일록의 계획은 이렇게 물거품이 되었다. 상대를 장악할 무기로 단단히 준비해 두었던 채무증서는 오히려 안토니오가 아닌 샤일록 스스로를 묶는 밧줄이 된다. 외국인이 베니스 시민을 죽이려 했다는 사실로 프레임이 바뀌며, 그의 모든 재산은 몰수되고 사형위기에까지 이른 것이다.

이 극적인 전환은 인간 삶에서 자주 발견되는 아이러니의 한 전형을 보여준다. 샤일록이 안토니오를 향해 휘두르고자 했던 복수의 칼날은 결국 자신의 목을 겨누게 된 것이다. 그는 자신의 분노와 복수심을 정당화하기 위해 법적 테두리 안에서 치밀하게 계획을 세웠지만, 바로 그 법적 논리가 역설적으로 자신을 파멸로 이끌었다. 이것이야말로 자승자박(自繩自縛)—제 줄(繩)로 제 몸을 옭아 묶는(縛) 상황—의 본질이다.

## II. 자승자박의 심리적 메커니즘

자승자박이라는 표현은 단순한 관용어 이상의 의미를 지닌다. 이는 인간 심리의 깊은 층위에서 작동하는 메커니즘을 드러낸다. 특히 분노라는 감정이 어떻게 자기 파괴적 행동으로 이어지는지를 명확히 보여준다. 인간은 자신이 부당하게 대우받았다고 느낄 때, 그 불의를 바로잡기 위한 강한 욕구를 느낀다. 샤일록의 경우, 그는 베니스 사회에서 유대인으로서 겪은 차별과 경멸로 인해 깊은 상처를 입어왔다. 안토니오는 그런 차별적 태도를 대표하는 인물이었고, 샤일록은 그를 통해 자신이 겪은 모든 불의에 대한 복수를 꿈꾸었다. 이러한 심리적 과정은 복수의 정당화로 이어진다. 샤일록은 자신의 행동을 단순한 복수가 아닌, 정의의 실현으로 프레임화했다.

그리고 그의 이러한 정당화는 분노를 눈덩이처럼 키운다. 처음에는 특정 상황이나 인물에 대한 분노였던 것이 점차 확대되어 전체 집단이나 시스템에 대한 적개심으로 발전한다. 샤일록의 분노는 안토니오 개인을 넘어 기독교인 전체에 대한 증오로 확장되었다. 이렇게 확장된 분노는 종종 자기 인식의 왜곡을 가져온다. 분노에 사로잡힌 사람은 자신의 행동의 결과를 객관적으로 예측하지 못하게 된다.

성경은 이러한 분노의 위험성에 대해 반복적으로 경고한다. "분을 내어도 죄를 짓지 말며 해가 지도록 분을 품지 말고 마귀에게 틈을 주지 말라"(에베소서 4:26-27)는 구절은 해결되지 않은 분노가 어떻게 인간 내면에 영적 취약성을 만들어내는지 보여준다. 분노는 단순한 감정적 반응을 넘어 영적 전쟁의 장이 되는 것이다.

심리학자 칼 융(Carl Gustav Jung, 1875-1961)은 이를 '그림자'의 개념으로 설명했다. 인간은 자신의 부정적인 측면을 인정하지 않고 오히려 타인에게 투사하는 경향이 있다는 것이다. 이러한 그림자의 투사는 종종 과도한 분노와 적대감으로 나타난다. 샤일록은 자신의 탐욕과 잔인함을 안토니오에게 투사하며, 자신은 단지 정의를 추구하는 것이라고 믿었다. 그러나 이러한 그의 자기기만은 결국 샤일록 자신을 정확하게 꽂는 화살이 되어 돌아온다. 비극적 결과를 샤일록 스스로 자초한 셈이다.

## III. 성서에 그려진 자승자박 풍경: 하만 이야기

성서 속에서도 이러한 자승자박의 패턴을 발견할 수 있다. 대표적인 예 중 하나가 에스더서에 등장하는 하만이다. 그는 페르시아 제국의 고위 관리로, 왕 다음가는 권력을 가졌지만, 유대인 모르드개가 자신에게 절하지 않는다는 이유로 깊은 분노를 품게 된다.

"아하수에로 왕의 신하들이 다 왕의 명령대로 하만에게 꿇어 절하되 모르드개는 꿇지도 아니하고 절하지도 아니하니 하만이 노하여 모르드개뿐 아니라 저가 다 에스더의 백성인 것을 알고 아하수에로의 온 나라에 있는 유대인 곧 모르드개의 민족을 다 멸하고자 하더라"(에스더서 3:2-6).

하만의 분노는 개인적인 수치심에서 시작되었지만, 곧 민족 전체에 대한 증오로 확대된다. 그는 자신의 지위를 이용해 유대인 전체를 학살하기 위한 칙령을 발표하게 한다. 그리고 특별히 모르드개를 처형하기 위해 "높이가 오십 규빗"(약 23미터)되는 나무를 준비한다.

하만의 이야기는 분노가 어떻게 비이성적인 행동으로 이어지는지 여실히 보여준다. 한 사람의 무례함에 대한 반응으로 전체 민족을 멸절시키려는 계획은 분명 과도하다. 이는 분노가 합리적 판단을 흐리게 하는 과정을 잘 보여준다. 독일의 가톨릭 수도사제이자 신비사상가인 토마스 아 켐피스(Thomas à Kempis, 1380~1471)는 그의 저작 「그리스도를 본받아」 제1권 제19장에서 '분노가 있는 곳에 지혜는 머물지 않는다'(Ubi intrat ira, ibi sapientia non habitat)고 말한 바 있다. 용의주도해보이는 하만은 자신의 추진력이 분노가 아닌 지혜라고 믿었다. 그래서 자신의 계획이 실패할 가능성을 전혀 고려하지 않았다. 더 나아가 그의 확신은 자만과 결합하여 치명적인 자기기만으로 이어졌다.

결국 에스더 왕비의 용기 있는 중재로 하만의 음모는 밝혀지고, 그는 왕의 분노를 사게 된다. 그리고 아이러니하게도 그는 그가 그토록 증오하여 죽이고자 모르드개 처형용으로 준비했던 바로 그 나무에 자신이 달리게 된다.

"왕을 모신 내시 중에 하르보나가 왕에게 아뢰되 왕을 위하여 충성된 말로 고발한 모르드개를 달고자 하여 하만이 높이가 오십 규빗 되는 나무를 준비하였는데 이제 그 나무가 하만의 집에 섰나이다 왕이 이르되 하만을 그 나무에 달라 하매 모르드개를 매달려고 한 나무에 하만을 다니 왕의 노가 그치니라"(에스더 7:9-10).

하만의 이야기는 자승자박의 원리를 완벽하게 보여준다. 그가 타인을 해하기 위해 파 놓은 함정이 결국 자신을 삼키게 된 것이다. 이는 성서 여러 기록들이 경고하는 원리와도 일치한다. "악인은 자기의 악에 걸려 넘어지며"(잠언 11:5). "그가 웅덩이를 파 만듦이여 제가 만든 함정에 빠졌도다"(시편 7:15).

## IV. 분노의 부메랑, 자기파괴

실제로 샤일록과 하만의 이야기는 분노가 어떻게 자기파괴적 순환 과정으로 치닫게되는지를 전형적으로 보여준다. 이 두 인물은 모두 자신의 분노를 정의와 공정함의 외투로 포장했지만, 결국 그 분노는 자신을 집어삼키고 만다. 이러한 패턴은 성서가 분노에 대해 왜 그토록 많은 경고를 하는지 설명해주는 좋은 근거가 된다. 분노는 영적으로도 위험한 상태다. 예수님은 인간들의 분노를 살인과 동급으로 취급하셨다. "옛 사람에게 말한 바 살인하지 말라... 나는 너희에게 이르노니 형제에게 노하는 자마다 심판을 받게 되고..."(마태복음 5:21-22). 이는 분노가 단순한 감정적 반응이 아니라 영혼의 상태를 반영하는 것임을 시사한다.

분노는 또한 영적 분별력을 흐린다. 예수님께서는 "제단에 예물을 드리다가 거기서 네 형제에게 원망들을 만한 일이 있는 것이 생각나거든 예물을 제단 앞에 두고 먼저 가서 형제와 화목하고..."(마태복음 5:23-24)라고 말씀하셨다. 이는 해결되지 않은 분노가 하나님과의 관계에도 장애가 됨을 보여준다.

서방교회의 저명한 신학자이자 스콜라 철학자 토마스 아퀴나스(Thomas Aquinas, 1224/1225? ~ 1274년)는 분노를 일곱 가지 치명적 죄 중 하나로 분류했다. 그는 그 중에서도 분노가 다른 죄들로 이어지는 뿌리가 될 수 있다고 경고했다. 실제로 분노는 유기체처럼 종종 증오, 비방, 폭력 등 더 심각한 죄악으로 발전한다. 앙투안 드 생텍쥐페리의 『어린 왕자』에 등장하는 바오밥 나무 이야기는 이런 맥락에서 이해할 수 있다. 작은 씨앗으로 시작한 분노는, 방치하면 전체 '행성'을 파괴할 만큼 커질 수 있다. 하지만 친절하게도 성서는 분노를 적절히 관리하는 방법도 제시한다. "노하기를 더디하는 자는 크게 명철하여도 마음이 조급한 자는 어리석음을 나타내느니라"(잠언 14:29). 이는 분노 자체를 부정하는 것이 아니라, 그것을 지혜롭게 다루는 방법을 가르치는 것이다.

자승자박의 원리는 현대 사회에서도 다양한 형태로 나타난다. 개인적 차원에서 볼 때, 직장 내 갈등이나 가족 관계에서 분노에 사로잡혀 비이성적인 행동을 하는 사람들을 많이 볼 수 있다. 예를 들어, 동료의 성공에 질투를 느낀 직원이 그를 음해하려다 오히려 자신의 평판을 손상시키는 경우가 있다. 또한 배우자의 실수나 부족함에 분노한 나머지 관계를 파괴하는 말을 내뱉고, 결국 자신이 소중히 여기던 관계를 스스로 무너뜨리는 경우도 흔하다.

이러한 패턴은 사회적, 정치적 차원에서도 발견된다. 역사는 증오와 분노에 기반한 정책이 어떻게 그것을 추진한 사회 자체를 파괴했는지 보여주는 사례로 가득하다. 나치 독일의 유대인 박해는 결국 독일 사회의 도덕적, 물리적 파괴로 이어졌다. 보다 일상적인 예로, 소셜 미디어에서의 분노 표출과 비난의 순환은 종종 온라인 커뮤니티 전체의 건강성을 해치는 결과를 낳는다.

분노와 증오가 불안과 무력감을 잠시 잊게 해주는 마취제 역할을 한다는 것에 대해, 심리학자 에리히 프롬(Erich Seligmann Fromm, 1900-1980)이 『자유로부터의 도피』에서 언급한 바 있다. 그러나 이러한 일시적 해방감은 곧 더 깊은 소외와 자기 파괴로 이어질 뿐이다. 분노에 기반한 행동은 단기적으로는 만족감을 줄 수 있지만, 장기적으로는 자신의 영혼을 잠식하는 독이 될 수 있다.

현대 심리학 관점에서, 자승자박은 '자기 충족적 예언'의 한 형태로 볼 수도 있다. 분노와 의심으로 가득 찬 사람은 타인의 의도를 부정적으로 해석하고, 그에 대응하는 방식으로 행동함으로써 결국 자신이 두려워하던 부정적 결과를 실제로 초래하게 된다. 샤일록이 기독교인들의 차별을 확신하고 복수하려 했던 것처럼, 우리도 종종 우리의 두려움과 불안이 부정적 현실이 되도록 스스로 행동하기까지 한다.

## V. 용서, 그가 아닌 나를 풀어주는 열쇠

자승자박의 함정에서 벗어나는 첫 번째 단계는 자기 인식이다.

성경은 "너희는 마음에 분노를 품지 말라"(시편 4:4)고 권면하면서, 내면의 감정을 살피고 인식할 것을 강조한다. 자신의 분노를 인식하고 그 원인을 이해하는 것은 그것을 적절히 다루는 데 필수적이다. 즉 아무리 격정적 불편이 몰려와도, 그런 나 자신을 객관화해서 느낄 수만 있어도 실수는 반감될 수 있다.

둘째, 용서의 실천이다. 예수님은 "너희 원수를 사랑하며 너희를 핍박하는 자를 위하여 기도하라"(마태복음 5:44)고 가르치셨다. 이는 단순히 도덕적 의무가 아니라, 자기 해방의 길이기도 하다. 용서는 분노의 사슬에서 자신을 풀어주는 열쇠다. 심리학 연구에 따르면, 용서는 실제로 심리적, 생리적 건강에 긍정적인 영향을 미친다.

셋째, 겸손의 덕목이다. 하만과 샤일록 모두 자신의 권리와 위치에 지나치게 집착했다. 성서는 "온유한 자는 복이 있나니 그들이 땅을 기업으로 받을 것임이요"(마태복음 5:5)라고 말한다. 겸손은 자신의 한계를 인정하고, 타인의 관점을 이해하려는 태도다. 이는 분노의 씨앗이 자라는 것을 막는 비옥한 토양을 제공해준다.

넷째, 공동체 안에서의 화해다. 에베소서는 "화목하게 하신 그 은혜"(에베소서 2:14-16)를 강조한다. 기독교 신앙은 본질적으로 화해의 신앙이다. 하나님과의 화해, 타인과의 화해, 그리고 자신과의 화해를 추구한다. 특히 교회 공동체는 이러한 화해의 실천장이 되어야 한다.

마지막으로, 하나님의 자비를 구하고 실천하는 것이다. 공정과

시비보다 더 상위 개념에 하나님의 자비가 있다. 예수님은 "긍휼히 여기는 자는 복이 있나니 그들이 긍휼히 여김을 받을 것"(마태복음 5:7)이라고 말씀하셨다. 자비는 단순한 정의를 넘어서는 것이다. 정의는 각자에게 합당한 것을 주는 것이지만, 자비는 합당치 않은 은혜를 베푸는 것이다.

인간의 역사와 문학, 그리고 성서 속에서 우리는 자승자박의 패턴을 반복적으로 발견한다. 자신의 분노와 복수심에 사로잡혀 결국 자신을 파멸로 이끈 샤일록과 하만의 이야기는 시대를 초월한 경고로 다가온다. 그러나 기독교 신앙은 이러한 자기 파괴적 순환에서 벗어날 수 있는 희망을 제시한다. 예수 그리스도는 십자가에서 "아버지 저들을 사하여 주옵소서 자기들이 하는 것을 알지 못함이니이다"(누가복음 23:34)라고 기도하셨다. 이는 인류 역사상 가장 강력한 용서의 모델이다. 그분은 자신을, 나아가 우리를 자승자박의 덫에서 구원하는 길을 보여주셨다.

예수님의 가르침 "너희가 비판하는 그 비판으로 너희가 비판을 받을 것이요, 너희의 헤아리는 그 헤아림으로 너희도 헤아림을 도로 받으리라"(마태복음 7:2, 누가복음 6:38)는 자승자박의 원리를 초월하는 지혜를 담고 있다. 이는 단순한 인과응보 법칙이 아니라, 우리가 세상과 관계 맺는 방식이 결국 우리 자신에게 되돌아온다는 깊은 영적 진리를 담고 있다.

도저히 용서할 수 없는 사람이 있다면, 나같은 형편없는 사람도 내치지 않으시고 용서해주신 주님 얼굴 봐서 그 사람을 품을 수 있으면 좋겠다. 그 사람을 위해서가 아니라 내가 다치지 않기 위해서이다. 용서는 단지 타인을 위한 것이 아니라, 궁극적으로는 자신을 위한 것이다. 용서를 통해 우리는 분노의 무게에서 벗어나 자유롭게 된다.

기독교적 관점에서 볼 때, 자승자박의 함정에서 벗어나는 길은 단순히 부정적 감정을 억제하거나 피하는 것이 아니다. 그것은 그리스도 안에서 새로운 정체성을 발견하고, 그분의 사랑과 자비를 우리의 삶과 관계에 실천하는 것이다. 이러한 여정은 쉽지 않지만, 성령의 도우심으로 가능하다. "오직 성령의 열매는 사랑과 희락과 화평과 오래 참음과 자비와 양선과 충성과 온유와 절제니"(갈라디아서 5:22-23).

자승자박의 함정을 넘어서는 영적 여정은 결국 그리스도를 닮아가는 여정이다. 그것은 분노와 복수의 사슬에서 벗어나 사랑과 화해의 자유를 경험하는 과정이다. 이 여정에서 우리는 샤일록과 하만의 실패를 교훈 삼아, 그리스도가 보여주신 더 나은 길을 따라가야 한다. 그럴 때 우리는 누구를 옭아매야 속이 풀릴 것 같은 자승자박의 함정에 빠지지 않고, 내 스스로 자기주도적으로 하나님의 은혜를 내면에 누리며 참된 자유와 평화를 누릴 수 있을 것이다.

# 02
# 욕망의 만재흘수선

## 02
# 욕망의 만재흘수선

레프 톨스토이 『사람에게는 얼마만한 땅이 필요한가』
(How Much Land Does a Man Require?,1885)에 나타난 인간 탐심의 한계

## I. 인간 탐심의 악순환

레프 니콜라예비치 톨스토이(1828-1910)는 19세기 러시아 문학의 거장으로, 그의 작품 『사람에게는 얼마만한 땅이 필요한가』는 인간 욕망의 본질과 그 한계에 대한 예리한 통찰을 담고 있다. 톨스토이는 인간의 물질적 욕망, 특히 토지에 대한 집착이 어떻게 인간을 파멸로 이끌 수 있는지를 소작농 빠홈의 이야기를 통해 경고하고 있다.

빠홈은 단순한 농부가 아니다. 그는 토지에 대한 집착과 욕망이 그의 존재를 정의하는 인물이다. 톨스토이는 빠홈의 내면 세계를 정교하게 묘사하며, 그가 토지를 "이 세상에서 최고의 가치를 가진 대상"으로 여기는 심리를 독자들에게 낱낱이 보여준다. 빠홈의 욕망은 단순한 필요에서 시작됐으나, 점차 그의 전 존재를 지배하는 강박으로 발전한다. 농사 과정에서 일어나는 사소한 사건들에서도

빠홈은 늘 불이익을 당하고, 자신이 땅의 소유자가 아니기에 벌어지는 일이라고 여긴다. 이러한 경험은 그의 토지 소유에 대한 열망을 더욱 강화시키는 요인이 된다. 톨스토이는 이러한 심리적 과정을 세밀하게 묘사함으로써, 욕망이 어떻게 자라나고 무슨 원리로 증폭되는지를 독자들에게 보여준다.

톨스토이는 빠홈이 마침내 땅을 소유하게 되는 과정과, 그럼에도 불구하고 결코 만족하지 못하는 모습을 통해 인간 욕망의 근본적인 속성을 드러낸다. 소설 속에서 빠홈은 처음에는 자신의 땅을 갖게 된 것에 기뻐하지만, 그 기쁨은 오래가지 않는다. 그는 곧 더 좋은 땅, 더 넓은 땅을 갈망하게 된다. 심리학자 아브라함 매슬로우(Abraham Harold Maslow, 1908-1970)가 인간의 욕구단계설(Hierarchy of needs)에서 언급했듯이, 인간의 욕망은 충족되면 더 높은 단계의 욕망으로 발전하는 경향이 있다. 그러나 빠홈의 경우는 더 높은 차원으로의 발전이 아닌, 같은 욕망의 무한한 확장이라는 비극적 양상을 보여준다. 이는 성서가 경고하는 '탐심'의 본질과 정확히 일치한다.

톨스토이는 빠홈의 욕망이 더 강력해지는 결정적 계기로 파산한 농부의 땅을 계약하는 장면을 배치한다. 그러나 여기서 그치지 않고, 바시끼르라는 먼 지역에서 "훨씬 낮은 가격에 더 많은 땅"을 살 수 있다는 정보가 빠홈의 욕망에 새로운 불을 지피게 된다. 이러한 서사 전개는 인간의 욕망이 어떻게 충족과 동시에 새로운 결핍을 창출하는지를 보여준다. 러시아 문학 연구가 드미트리 리하쵸프(Dmitry Likhachev, 1906-1999)는 "톨스토이의 작품에서 물질적 소유에 대한 집착은 영혼의 죽음과 맞닿아 있다"라고 지적한 바 있다. 실제 빠홈의 이야기는 집착에서 파멸에 이르는 단계가 층위적으로 구성되어 리하쵸프의 표현을 그대로 구현하고 있다.

## II. 바시끼르의 유혹과 파멸의 씨앗

빠홈이 바시끼르로 향하는 여정은 욕망의 노예가 된 인간의 비극적 운명을 암시한다. 그곳에서 그는 놀라운 제안을 받는다: "하루 동안 다닌 땅의 가격이 일괄 천 루블"이라는 파격적 조건이었다. 그러나 이 매혹적인 제안에는 치명적인 조건이 따른다.

"다만 한 가지 약속을 하세. 만일 자네가 출발한 그 장소로 하루 안에 되돌아오지 못한다면, 손님 돈은 사라지는 거네."

이 조건은 단순한 거래 조건이 아니라, 인간 욕망의 본질적 위험성을 상징적으로 보여주는 장치다. 톨스토이는 이 설정을 통해 탐욕이 가진 시간적 유한성과 인간 생명의 취약함을 대비시킨다. 빠홈에게 주어진 '하루'라는 시간은 인간의 유한한 생애를 상징하며, 그 안에서 무한한 욕망을 추구하는 것의 모순을 드러낸다. 러시아 정교회의 영성 전통에서는 이러한 욕망의 문제를 '파시온'(열정)이라 부르며 경계한다. 톨스토이는 자신의 신앙적 관점에서 이 개념을 문학적으로 형상화한 것이다. 그는 자신의 일기에서 "재산에 대한 집착은 영혼의 진정한 가치를 보지 못하게 만드는 장애물"이라고 기록했다.

작품의 클라이맥스에서 빠홈은 동트자마자 혼신의 힘을 다해 달려 자신의 소유지를 극대화하려 한다. 톨스토이는 이 장면을 통해 욕망에 사로잡힌 인간의 맹목적 행동을 생생하게 묘사한다. 빠홈은 약속한 마감 시간이 촉박해진 상황에서도 탐나는 땅 앞에서 발길을 돌리지 못한다. 이는 욕망이 이성과 판단력을 어떻게 마비시키는지를 보여주는 명확한 예시다. 급기야 빠홈은 시간 내 도달하지 못할 수도 있다는 과도한 불안감 속 무리한 강행군을 감행한다. 그의 심장 박동은 비정상적으로 치닫게 된다. 톨스토이는 이 생리적 변화를 통해 욕망의 심리적 압박이 신체에 미치는 파괴적 영향을 시각화한다. 결국 빠홈은 목표 지점에 도달하지만, 그 순간 그의 생명은 다한다.

"다리에 맥이 풀리면서 그는 앞으로 고꾸라졌고, 손은 모자 끝에 닿았다. '어이, 훌륭해!' 촌장이 외쳤다. '많은 땅을 차지했군!' 빠홈의 일군이 달려와 그를 일으켜 세우려고 했지만, 빠홈은 입에서 피를 쏟으며 엎드러져 죽었다."

이 결말은 강렬한 아이러니를 담고 있다. 빠홈은 많은 땅을 차지했지만, 그 땅은 결국 그의 무덤이 되었다. "빠홈은 정확하게 머리에서 다리까지 들어갈 수 있는 2미터가량의 무덤에 묻혔다." 이 문장은 작품 전체의 주제를 압축적으로 전달한다. 사람에게 필요한 땅은 결국 그의 몸이 묻힐 만큼의 크기뿐이라는 것이다.

"인간의 비극은 무한한 영혼이 유한한 세계에 갇혀 있다는 데 있다"는 러시아 철학자 니콜라이 베르댜예프의 선언이 불길하게 들어맞는 순간이다. 톨스토이의 이 작품은 그러한 철학적 통찰을 문학적으로 구현한 사례라 할 수 있다.

## III. 만재흘수선, 자멸을 부르는 탐심의 한계점

한계 없는 탐심의 추구가 불행을 초래한 톨스토이의 작품은 '만재흘수선'이라는 선박 관련 용어를 떠올리게 한다. 만재흘수선(滿載吃水線, load line mark)이란 선박이 선적할 수 있는 최대용량을 넘지 않았다는 것을 나타내기 위해 선박의 중앙부 양현에 표시된 일종의 기호로써 이것은 선박의 규정에 의하여 선종별로, 또 같은 선박일지라도 최대 만재흘수가 각각 개별적으로 지정되어 있다. 흘수(吃水, draft)란 선박의 수면에서 용골(선체 중심선을 따라 선수재로부터 선미 골재까지 꿰뚫는 부재로, 사람의 척추에 해당)까지의 깊이를 나타내며, 즉 선박의 선체가 물에 잠기는 한계선을 말한다.

선박에 짐을 최대로 실을 수 있는 한계선인 만재흘수선은 인간 욕망의 적정 수준을 상징한다. 선박에 실린 짐이 많을수록 배는 수면 아래로 더 많이 잠기게 되는데, 아무리 많은 짐을 싣고 싶더라도 안전을 생각한다면 선박 아래 부분에 물을 채워 균형을 잡는 기능을 병행하여, 선박이 안전하게 물에 잠긴 부분이 이 선을 절대로 넘어가도록 하지 않아야 한다.

이 비유는 빠홈의 이야기에 완벽하게 적용된다. 그는 자신의 욕망 만재흘수선을 무시한 채 더 많은 것을 추구했고, 결국 그 무게를 감당하지 못하고 침몰했다. 그저 적당히만 달렸어도, 반환점에서 제대로 시선을 포기할 수 있었어도 이런 비극은 나타나지 않았을 것이다. 이제는 오래된 이야기지만, 한국 사회는 세월호 참사를 통해 만재흘수선의 중요성을 뼈저리게 경험했다. 이 국가적 비극은 안전의 한계를 무시한 탐욕이 얼마나 큰 재앙을 불러올 수 있는지를 보여준 사례다. 빠홈의 이야기와 세월호의 비극은, 시대와 상황은 다르지만 본질적으로 동일한 교훈을 전한다.

## IV. 성서적 관점에서 본 탐심의 본질

이와 같은 톨스토이의 작품 주제는 성서의 가르침과 깊은 연관성을 갖는다. 탐심을 떠올릴 때 떠오르는 성서의 두 인물이 있다. 그 중 한 명은 이스라엘 통일왕정의 성공한 군주 다윗이다. 다윗은 실로 최대의 적수였던 블레셋을 이겨낸 군사력뿐 아니라, 이를 바탕으로 한 경제력을 누렸다. 게다가 다윗은 그 권력을 바탕으로 많은 부인을 두기까지 했다. 하지만 사무엘하 11장에 의하면 그는 새로운 여인을 자신의 침소에 들이는, 두고두고 지탄받을 일을 자행하기에 이른다. 처음엔 그저 아름답다는 느낌이었다. "저녁 때에 다윗이 그의 침상에서 일어나 왕궁 옥상에서 거닐다가 그 곳에서 보니 한 여인이 목욕을 하는데 심히 아름다워 보이는지라"(삼상 11:2). 그러나 그는 한걸음 더 나아갔다. 내면 감정을 넘어서 사람을 보내어 좀더 자세한 정보를 확보한다. "다윗이 사람을 보내 그 여인을 알아보게 하였더니 그가 아뢰되 그는 엘리암의 딸이요 헷 사람 우리아의 아내 밧세바가 아니니이까 하니"(삼상 11:3). 오히려 자기 부하의 부인이라는 위험한 정보를 얻게되었지만 이미 발현된 그의 탐심은 여기에서 물러나지 못한다. 또다른 단계의 감행으로 이어진다. "다윗이 전령을 보내어 그 여자를 자기에게로 데려오게 하고 그 여자가 그 부정함을 깨끗하게 하였으므로 더불어 동침하매 그 여자가 자기 집으로 돌아가니라"(삼상 11:4). 결국은 자기의 충직한 부하였던 우리야를 적진 중에 위험하게 만들면서까지 희생양 삼아서 그 여인을 취하는 과도한 추진력으로 발전한다. 이는 후에 나단 선지자를 통해서 호된 호통을 받기에 이른다. 하나님의 많은 꾸지람을 들을 뿐 아니라 이에 해당하는 죄과를 또 혹독하게 치르게 된다.

성서에 나타난 탐심의 인물 두 번째로는 분열왕국 북이스라엘 7대 왕이었던 아합을 꼽을 수 있다. 왕궁에서 바라본 포도원이 너무 아름다워서 탐내지만, 자신의 뜻대로 매입할 수 없게 되자 탐심으로 끙끙 앓게된다. 이를 답답하게 바라본 왕비 이세벨이 나서서 남편의 탐심을 대담하게 악한 방식으로 충족시켜준다. 포도원 주인인 나봇에게 대역죄인 누명을 씌워 사형에 이르도록 하고, 사형수의 재산은 왕께 귀속된다는 논리에 따라 매입이 아닌 탈취의 형태로 그 포도원을 아합이 소유하게 된다. 이 대목에서 다윗과 아합은 비슷한 탐심의 패턴을 보인다. 가진 사람이 더 가지려 한다는 것, 그 탐심을 이루기 위해 수단과 방법을 가리지 않는다는 것, 심지어는 죄없는 우리야와 나봇이 그들의 탐심의 희생양이 되었다. 그리고 중요한 공통 결론은 그 죄과를 하나님께서 정확하게 기억하시고 심판하셨다는 것이다.

예수님께서는 "삼가 모든 탐심을 물리치라 사람의 생명이 그 소유의 넉넉한 데 있지 아니하니라"(눅 12:15)고 경고하셨다. 이 구절은 빠홈의 이야기를 관통하는 핵심 메시지라고 할 수 있다. 탐심의 그리스어 원어 분석은 이 개념의 본질을 더욱 명확히 한다. '플레오넥시아스'(pleoneksias)는, 플레온(pleon)과 에코(echō)가 결합된 단어이다. 플레온은 형용사 폴뤼스(polys 많은)의 비교급으로 '더 많이'라는 의미이고, 에코는 '가지다'라는 동사에서 연유했다. 결국 원어상, 탐심은 (이미 가진 것이 많은데도) '더 많이 가지려는 마음'이라고 정리할 수 있겠다.

이러한 언어적 분석은 빠홈의 심리 상태를 정확히 설명한다. 그는 이미 충분한 땅을 가지고 있었지만, 끊임없이 '더 많이' 가지려는 욕망에 사로잡혔다. 초대 교부 중 하나인 바실리우스는 "탐욕은 바다와 같아서, 아무리 많은 강물이 흘러들어도 결코 채워지지 않는다"라고 말했다. 빠홈은 목마름에 쫓겨 바닷물을 마시고 또 마시며 채울 수 없는 갈증의 노예가 되어가고 있었다. 신약성서에서 사도 바울은 "돈을 사랑함이 일만 악의 뿌리가 되나니"(딤전 6:10)라고 경고했다. 톨스토이의 작품은 이 성서 구절의 문학적 예증으로 볼 수 있다. 빠홈의 비극은 단순히 땅을 소유한 것이 아니라, 그 소유에 대한 지나친 사랑, 즉 탐심에서 비롯되었다.

## V. 자족의 평형수 채우기

현대 소비주의 사회는 '더 많이 가지라'는 메시지를 끊임없이 전달한다. 미국의 사회학자 로버트 벨라(Robert Neelly Bellah, 1927-2013)는 "현대 소비주의는 충족될 수 없는 욕망을 지속적으로 창출함으로써 작동한다"고 지적했다. 이는 빠홈이 경험한 욕망의 악순환과 정확히 일치한다. 현대인들은 소셜 미디어와 광고를 통해 끊임없이 자신의 소유를 다른 이들과 비교하도록 유도된다. 이러한 비교 문화는 빠홈이 "다른 농부들보다 더 많은 땅"을 원했던 심리와 유사하다. 톨스토이가 19세기에 포착한 인간 욕망의 본질은 21세기에도 여전히 유효하다.

소유의 넉넉함을 위해 고투하지만, 결국 그것이 자신이 제어할 수 없는 탐심과 결합한다면 엄청난 화학작용이 일어날 것이다. 이로써 내가 탐심의 하수가 되어 내 손을 움직이는 데만 몰두해 있을 때, 나의 인생은 마치 만재흘수선을 넘어선 줄도 모르고 내달리는 선박같은 위험한 항해를 이어갈 것이다.

선박에 관한 중요한 이해 중 '선박평형수'라는 개념이 있다. 선박이 물 위에서도 뜰 수 있는 것은 부력이라는 원리 때문인데, 배가 싣고 있던 화물을 하역하게 되면 그만큼 배의 무게가 줄어들어 배는 물 위로 떠오르게 된다. 이때 배가 떠오른 만큼 배의 무게중심이 올라가게 되어 좌우 흔들림이 증가하게 되면, 이 상태의 운항은 자칫하면 전복사고로 이어질 수 있다. 따라서 이를 방지하기 위해 선박 내부에 물탱크를 설치하고 물을 채워 배가 안정하게 잠기도록 유도하는데, 이렇듯 선박의 안전하고 효율적인 운항을 위해 배 안에 채우는 바닷물을 선박평형수(ballastwater)라고 부른다.

사도 바울은 "내가 어떤 형편에든지 자족하기를 배웠노니"(빌 4:11)라고 말했다. 정글같은 사회의 각박함 가운데 생존하기 위해서 조금이라도 앞서고 조금이라도 더 확보해야하는 강박이 만연한 현대 사회에서도 자족의 덕은 여전히 중요한 가치다. 어쩌면, 현대인들이 한계없이 덕지덕지 탐심을 추구하며 꾸역꾸역 무언가를 채우며 살아가는 이유는, 오히려 내면의 공허함 때문이 아닐까. 우리 내면을 공허하게 탐심 가운데 방치하는 것은, 선박평형수가 채워지지 않아 무게중심이 한껏 올라가 뒤뚱뒤뚱 제대로 운항하지 못하는 선박의 비애로 이어질 가능성이 많다. 바울의 고백처럼, 어떤 형편에든지 자족하기를 배움으로써, 우리는 내면의 평형수를 안정하게 채우게 될 것이다. 아울러 이는 탐심으로 자칫 전복될 수도 있는 위험상황을 피해갈 수 있게 하는 방비책이 될 것이다.

"사람에게 진정으로 필요한 땅은 얼마인가?" 이 질문에 대한 톨스토이의 대답은 분명하다. 그것은 우리의 몸이 누울 수 있는 크기의 땅, 즉 자신의 영적 본질과 유한한 생명을 인식하는 겸손한 마음이다. 혹시 무언가를 향한 결핍감이 마음에 꽂혀 끝없이 허기져 있는 나의 모습이 느껴진다면, 빠홈이 조금이라도 빨리 걷기 위해

장화도 물병도 던져버리고 대장장이의 풀무처럼 부풀어올랐던 가슴을 안고 상처투성이 맨발로 달리던 바시끼르 언덕으로 함께 가보자. 우리는 각자 자신의 만재흘수선을 철저히 인식하고, 그 경계를 존중하는 삶을 살아야 한다. '쪼금만' 더 내 땅을 늘리고 싶다는 절실한 마음이 내 시야를 흐릿하게 만들 때, 악마의 끊임없는 유혹을 물리치지 못해 땅은 차지했으나 그 땅을 누려야할 진정한 자기의 소중한 생명을 잃고만 허망한 빠홈의 인생을 생각하자. 사람의 생명이 그 소유의 넉넉한 데에 있지 않다.

## 03
# 빈 그물에 담는 희망

## 03
# 빈 그물에 담는 희망

어니스트 헤밍웨이 『노인과 바다』(The Old Man and the Sea, 1952)가 보여주는
인간관계와 철학

## I. 84일의 절망 그래도 전진

1954년 노벨문학상 수상자 어니스트 헤밍웨이(Ernest Miller Hemingway, 1899-1961)의 『노인과 바다』는 20세기 문학사에서 가장 완성도 높은 중편소설 중 하나로 평가받는다. 이 작품은 단순한 어부의 이야기를 넘어서 인간 존재의 근본적 조건과 희망의 본질에 대한 깊이 있는 성찰을 담고 있다. 85일 동안 물고기 한 마리 잡지 못한 노인 산티아고(Santiago)의 이야기는 현대인이 직면한 실존적 위기와 그것을 극복하는 인간의 의지를 상징적으로 그려내고 있다.

이 작품이 발표된 1950년대는 두 차례의 세계대전을 겪으며 인간의 존재 가치에 대한 근본적 회의가 팽배했던 시기였다. 실존주의 철학이 대두되고, 인간의 고독과 부조리한 현실에 대한 문학적 탐구가 활발했던 이 시대에 헤밍웨이는 절망적 현실 속에서도

굴복하지 않는 인간의 존재 의지를 탁월하게 형상화했다. 특히 그의 유명한 문장 "인간은 파멸당할 수는 있을지언정 패배하지는 않아"(A man can be destroyed but not defeated)는 20세기 문학의 가장 강력한 휴머니즘적 선언 중 하나로 여겨진다.

그러나 이 작품의 진정한 가치는 단순히 고투하는 개인 의지력을 찬양하는 데에만 있지 않다. 오히려 인간관계의 힘, 특히 세대 간의 연대와 상호 의존성을 통해 희망이 어떻게 생성되고 지속되는지를 섬세하게 그려내고 있다는 점에서 더욱 의미가 깊다. 노인 산티아고와 소년 마놀린(Manolin)의 관계는 단순한 사제지간을 넘어서 인간이 희망을 잃지 않고 살아갈 수 있는 근본적 조건을 보여준다.

이 작품은, 현대적 맥락에서 읽어나갈 때 개인의 좌절과 사회적 고립이 심화되고 있는 오늘날의 현실에 필요한 통찰을 제공할 수 있다고 본다. 특히 인간관계를 통한 희망의 회복과 지속이라는 주제를 중심으로, 이 작품이 현대 사회에 던지는 메시지의 의미에 진입해보자.

## II. 무조건적 지지, 절망을 무색하게 하다

헤밍웨이는 멕시코 만에서 천상 어부로 살아온 독거노인 산티아고의 85일간의 실패를 통해 절망이 어떻게 인간의 삶을 잠식해가는지를 정교하게 묘사한다. 85일이라는 기간은 단순히 긴 시간을 의미하는 것이 아니라, 인간이 견딜 수 있는 좌절의 임계점을 상징한다. 이는 구약성경의 대홍수가 40일간 지속되었다는 기록이나, 예수가 40일간 광야에서 시험을 받았다는 이야기와 같은 상징적 의미를 갖는다. 즉, 인간의 한계 상황을 나타내는 수사적 표현인 것이다.

노인의 절망은 단순히 경제적 궁핍에서 오는 것이 아니다. 그것은 존재론적 차원의 무력감이다. "망망대해를 바라봐도 눈을 찌르는 칼날같은 태양빛만 가득할 뿐, 애쓴 하루를 조롱당한듯 빈 그물로 번번이 돌아오는" 상황은 현대인이 경험하는 실존적 공허감의 전형적인 모습이다. 프랑스 소설가 알베르 카뮈(Albert Camus)가 말한 '부조리'(absurd)의 상황, 즉 인간의 노력과 현실 사이의 괴리가 극대화된 상태가 바로 이것이다.

그러나 헤밍웨이는 이러한 절망적 상황에서 희망이 어떻게 생성되는지를 탁월하게 보여준다. 중요한 것은 희망이 갑작스럽게 나타나는 기적적 사건이 아니라, 일상적 관계 속에서 서서히 배양되는 과정이라는 점이다. 마놀린이 마련해 준 미끼는 단순한 물질적 지원이 아니라 믿음과 신뢰의 상징이다. 84일의 실패에도 불구하고 여전히 노인을 믿고 지지하는 소년의 존재가 노인으로 하여금 85일째에도 바다로 나갈 용기를 갖게 한다. 운이 없는 사람이라는 지칭 '살라오'로 불리며 동네사람들의 비웃음을 사면서도 산티아고는 이런 멋진 말과 함께 배를 타고 조업에 나선다.

"나는 낚싯줄을 정확하게 드리울 수 있어 다만 운이 없을 뿐이야 그렇지만 누가 아나 행운의 날이 바로 오늘일지 매일매일이 새로운 날인데 말이야.

운수가 좋다는 건 좋은 일이야. 그렇지만 그냥 앉아서 행운을 기다리는 것보다 낚싯줄은 제대로 드리워 놓는 게 내가 우선 할 일이지. 어느 순간 갑자기 행운이 다가올 때를 대비해서 만반의 준비를 해두어야 그걸 놓치지 않을 테니까."

이는 현대 심리학의 '사회적 지지'(social support) 이론과 정확히 일치한다. 인간은 타인으로부터의 정서적, 도구적 지지를 통해 스트레스와 좌절을 극복할 수 있는 심리적 자원을 확보한다. 특히 '무조건적 긍정적 관심'(unconditional positive regard)은 개인이 자존감을 유지하고 도전 의식을 잃지 않는 데 결정적 역할을 한다. 마놀린의 존재가 바로 이러한 역할을 하고 있는 것이다. 또한 희망의 생성에는 '의미 부여'의 과정이 핵심적이다. 노인은 단순히 물고기를 잡는 것이 아니라, 자신의 존재 가치를 증명하고 소년에게 부끄럽지 않은 모습을 보이려는 더 깊은 동기를 갖고 있다. 오스트리아의 정신의학자 빅토르 프랭클(Viktor Frankl)이 강조한 '의미 추구'(search for meaning)가 바로 이러한 희망의 원동력이 되는 것이다.

## III. 빈 그물을 붙들다

### ① 불굴의 의지, 비웃음을 딛고

산티아고가 연로한 어부인데다 고기 한 마리 못 잡은 채 빈 배로 돌아오는 일이 계속 이어지자, 마을 사람들은 그를 향해서 '살라오'(스페인어, 운이 다한 사람)라고 부른다. 처음에 40일 동안은 동행해 주는 소년이 있어서 도움을 받지만, 오랜 시간이 흘러도 빈 배로 돌아오는 모습을 지켜본 소년의 부모는 배울 것이 없어 보이는 노인 곁에서 소년을 떼어내서 다른 사람의 배를 타게 한다. "소년은 결국 부모가 시키는 대로 다른 사람을 따라가고 그래서 일주일도 지나기 전에 커다란 고기를 세 마리나 잡았다." 다른 사람에게는 이렇게 쉽게 잡히는 고기가 산티아고의 그물에는 들지 않는다. 마을 사람들의 시선은 불운 가운데 있는 그를 멀리보며 수군거리기도 한다.

---

많은 사람이 나를 대적하여 말하기를 그는 하나님께 구원을 받지 못한다 하나이다 여호와여 주는 나의 방패시요 나의 영광이시요 나의 머리를 드시는 자이시니이다 내가 나의 목소리로 여호와께 부르짖으니 그의 성산에서 응답하시는도다 내가 누워 자고 깨었으니 여호와께서 나를 붙드심이로다 천만인이 나를 에워싸 진 친다 하여도 나는 두려워하지 아니하리이다. (시편 3:2~6)

자괴감에 묶여있지 않았던 산티아고는 또다시 고기를 잡으러 나간다. 소년의 응원이 큰 힘이 되었을까. 며칠되어 바다 한가운데서 그는 묵직한 손맛을 느낀다. 그리고 사력을 다해 매달리느라 손에 찢기는 상처가 나고 손마디가 마비되는 증상에 이르도록 커다란 청새치와의 싸움을 며칠 간 혼자 힘으로 버텨낸다. 힘이 딸려 붙드는 힘이 떨어지자, 밧줄을 자신의 몸에 묶으며 혼신의 힘을 다해 매달린 끝에 결국 만선의 기쁨으로 귀환하게 된다. 하지만 기쁨도 잠깐, 상어떼의 습격을 받으며 고생고생해서 포획한 고기의 살점이 뜯겨나가는 마음아픈 현실을 마주하기에 이른다.

## ② 진짜 승리는 패배 후 일어나는 것

노인이 청새치와의 사투에서 보여주는 모습은 인간의 존재론적 고독을 상징적으로 드러낸다. 망망대해에서 거대한 청새치와 벌이는 며칠 간의 싸움은 개인이 직면하는 실존적 도전의 은유이다. 이 과정에서 노인은 자연과 대화하고, 자기 자신과 대화하며 현재 상황을 객관화한다. 이러한 성찰적 독백은 헤밍웨이 문학의 특징적 기법이면서 동시에 인간이 극한 상황에서 자아를 유지하는 방법을 보여준다.

그러나 진정한 치유와 회복은 혼자서는 불가능하다는 것이 이 작품의 핵심 메시지이다. 노인이 상어떼와의 싸움에서 패배하고 빈 그물과 함께 돌아왔을 때, 그를 일으켜 세우는 것은 소년의 존재이다.

"그들이 나를 이겼다, 마놀린. 그들이 엄밀하게 나를 이긴 거야"

라고 자책하는 노인에게 소년은

"그 놈한테는 지지 않았잖아요. 잡아온 물고기한테는 말이에요"

라고 응답한다. 이는 단순한 위로가 아니라 관점의 전환을 통한 재평가이다.

이러한 대화는 현대 상담심리학의 '인지적 재구성'(cognitive

restructuring) 기법과 유사하다. 부정적 사건에 대한 해석을 변화시킴으로써 정서적 반응과 행동을 변화시키는 것이다. 소년은 노인이 실패에만 초점을 맞추는 것이 아니라 성취한 것에 주목하도록 돕는다. 이는 현대 긍정심리학에서 강조하는 '강점 중심 접근'(strength-based approach)의 전형적인 모습이다.

> 그러므로 우리가 낙심하지 아니하노니 우리의 겉사람은 낡아지나 우리의 속사람은 날로 새로워지도다 우리가 잠시 받는 환난의 경한 것이 지극히 크고 영원한 영광의 중한 것을 우리에게 이루게 함이니 우리가 주목하는 것은 보이는 것이 아니요 보이지 않는 것이니 보이는 것은 잠깐이요 보이지 않는 것은 영원함이라. (고린도후서 4:16~18)

그렇다. 산티아고는 진 것이 아니다. 멋지게 이겨냈다. 자신의 운명을 불운이라 한정짓는 마을 사람들의 시선을 이겨냈고, 망망대해에서 혼자 힘으로 주기도문을 외워가며 큰 덩치의 청새치와의 쉽지 않은 물리적 싸움도 이겨냈으며, 상어 와의 사투에서도 결국 자신을 지켜내 온전히 귀환했다. 산티아고는 그 어떤 노인의 모습이 아니다. 실제 그가 청새치와의 대결 가운데 떠올린 젊은 날의 추억, 팔씨름으로 밤을 새워 건장한 상대를 이겨냈던 그 강인함이 그를 여적 붙들고 있다. 겉사람은 낡아질 수 있다. 아니 낡아지는 것이 순리이며 섭리이다. 이것은 세계 온인류가 그토록 극복하고자 도전장을 내온 과제였지만 여전히 인간 첨단 과학의 한계는 존재하며, 이것은 창조주이신 하나님의 처분 하에 있는 것이다. 따라서 우리는 낡아짐을 증오하거나 애써 외면할 것이 아니라 차분히 받아들여야 할 것이다. 대신 우리의 속사람을 가꾸는 데 주력하는 일이 순명일 것이다. 감사하게도 속사람은 날로 새로워질 수 있다. 오히려 속사람의 새로움은 인생을 오래살아 여러 다양한 한계를 경험하고 그 앞에 성숙해진 연령대의 사람에게는 더욱 유리한 항목이 될 것이다. 연령에 상관없이, 사회적 위치에 상관 없이, 경제적 능력에 상관없이 모두 관리할 수 있는 것이 바로 속사람이다. 영화배우 오드리 헵번(Audrey Hepburn)을 보면 실로 아름답게 나이 들어감, 속사람이 아름답다는 것이 무엇인지를 돌아보게 한다. 우리는 산티아고에게서 그 모습을 볼 수 있다. 잠깐 기진해 누워있는 그의 모습이 그려져 있지만 그는 곧 일어설 것이다. 파멸당할지언정 패배하지 않는다는 그의 장담처럼 그는 결코 지지 않은 것이다.

### ③ 소년과 바다

작품 마지막 부분에 보면, 치열한 조업을 마치고 결국 돌아와서 찢기고 지친 몸으로 침대에 드러누워 있는 노인을 바라보며 소년이 눈물짓는 장면이 나온다. 그리고 노인에게 이야기한다.

"가장 훌륭한 어부는 할아버지예요."

"아니다. 나는 훨씬 더 뛰어난 어부들을 알고있어."

"고기를 잘 잡는 어부는 많이 있고, 정말로 훌륭한 어부도 몇 명 있어요. 하지만 제가 보기에 할아버지만한 어부는 한 명도 없다구요."

가장 주목할 만한 요소는 산티아고와 마놀린의 관계가 보여주는 세대 간 연대의 모습이다. 이들의 관계는 단순한 스승과 제자, 혹은 할아버지와 손자의 관계를 넘어서 상호 의존적이고 치유적인 특성을 보여준다. 소년은 노인에게서 삶의 지혜와 기술을 배우지만, 동시에 노인에게 희망과 용기를 제공하는 존재이기도 하다. 어떤 시각에서 보면, 헤밍웨이의 이 작품은 '노인과 바다'이기보다, 노인에게 이러한 정서적 지지를 한껏 보내주고 인생의 새로운 해석을 제공하는 소년의 역할이 부각되어 '소년과 바다'로 불러도 좋겠다는 생각이 들 정도이다.

이러한 상호성은 현대 사회에서 점점 희소해지고 있는 가치이다. 급속한 사회 변화와 핵가족화, 개인주의적 문화의 확산으로 인해 세대 간의 단절이 심화되고 있는 현실에서, 헤밍웨이가 그려낸 이들의 관계는 잃어버린 공동체의 모습을 상기시킨다. 특히 소년이 노인의 실패를 비판하거나 외면하지 않고 끝까지 믿음을 유지하는 모습은 현대 사회의 성과주의적 인간관계와는 질적으로 다른 차원을 보여준다.

## IV. 빈 그물이기에 빛나는 희망

헤밍웨이의 『노인과 바다』는 표면적으로는 한 노인의 실패와 좌절의 이야기처럼 보이지만, 그 깊은 층위에서는 희망의 본질과 인간관계의 치유적 기능에 대한 깊이 있는 통찰을 담고 있다. 긴 기간의 실패 끝에 잡은 대어를 상어떼에게 빼앗기고 빈 그물로 돌아온 노인의 이야기는 단순한 패배가 아닌 더 깊은 차원의 승리를 보여준다.

이 작품이 우리에게 주는 가장 중요한 교훈은 희망이 외적 성과나 물질적 성취에 의존하지 않는다는 것이다. 노인이 마지막에 꾸는 "사자 꿈"은 그가 여전히 젊음과 활력을 잃지 않았음을 상징한다. 이러한 희망의 지속은 그 자체로 하나의 승리이며, 이것이 가능한 것은 마놀린과 같은 존재들의 무조건적 지지와 사랑 때문이다.

현대 사회에서 개인의 고립과 소외가 심화되고 있는 상황에서, 이 작품은 인간관계의 치유적 기능에 대한 소중한 통찰을 제공한다. 우리는 모두 때로는 산티아고처럼 절망과 좌절에 빠질 수 있지만, 마놀린과 같은 존재들을 통해 희망을 회복할 수 있다. 동시에 우리 자신도 누군가에게는 마놀린이 될 수 있다는 것이 이 작품이 주는 또 다른 메시지이다.

전도서의 말씀 "두 사람이 한 사람보다 나음"(전도서 4:9-12)은 이러한 상호 의존적 관계의 가치를 명확히 보여준다. 현대 사회의 개인주의적 문화에서 자칫 잊혀질 수 있는 연대와 협력의 가치를 다시 한 번 확인하게 한다. 특히 "홀로 있어 넘어지고 붙들어 일으킬 자가 없는 자에게는 화가 있으리라"는 구절은 인간관계의 부재가 가져오는 위험성을 경고하고 있다.

결국 희망은 혼자서는 지킬 수 없는 것이다. 그것은 관계 속에서 생성되고, 관계를 통해 전수되며, 관계에 의해 회복된다. 노인 산티아고의 빈 그물은 실패의 상징이 아니라 새로운 가능성을 담을 수 있는 그릇이었다. 그 그릇에 담긴 것은 소년 마놀린의 사랑과 믿음, 그리고 그것을 통해 되살아난 희망이었다.

## 04

# 격리 그리고 섭리

# 격리 그리고 섭리

대니얼 디포 『로빈슨 크루소』(The Life and Strange Surprizing Adventures of Robinson Crusoe, 1719)를 통한 고독과 영성의 현대적 성찰

## I. 고독한 섬에 던져진 존재의 본질

어린 시절 한번쯤은 읽어봤을 소설, 대니얼 디포(Daniel Defoe, 1660-1731)의 『로빈슨 크루소』는 세계적으로 유명한 모험소설 중 대표적 작품이다. 인간은 사회적 동물이다 라는 명제에 반하는 설정으로, 한 사람이 모든 환경으로부터 격리된 공간에 우연히 놓여진다는 설정 자체가 주의를 끌며, 그 상황 속에서도 전적인 자신만의 의지로 생존해낸다는 대장정의 이야기는 호기심을 자아내기 충분하다. 필자는 축약본이 아닌 완역본을 접하게 되어, 빠져들 듯 그 긴 내용을 너무도 흥미롭게 읽을 기회가 있었다. 18세기 초 영국에서 출간된 이 소설은 서구 문학사상 최초의 본격적인 리얼리즘 소설로 평가받고 있는데, 놀라운 것은 드라마틱한 설정과 구성을 넘어서, 이 작품 곳곳에 로빈슨 크루소로 대변되는 인간 개인의 성장이 치밀하게 그려져 있다는 점이다.

우리가 흔히 『로빈슨 크루소』라고 부르는 이 책 이름은 원래 다음과 같은 긴 문장으로 되어 있다. '요크의 선원 로빈슨 크루소의 삶과 놀라운 모험담: 아메리카 대륙 연안, 오리노코 강 어귀의 무인도에서 모든 동료를 잃고 홀로 남겨진 남자가 스물여덟 해를 살아내고 마침내 예기치 못하게 해적들에게 구조되는 이야기' (The Life and Strange Surprizing Adventures of Robinson Crusoe, Of York, Mariner: Who lived Eight and Twenty Years, all alone in an un-inhabited Island on the Coast of America, near the Mouth of the Great River of Oroonoque Having been cast on Shore by Shipwreck, wherein all the Men perished but himself. With An Account how he was at last as strangely deliver'd by Pyrates) 언뜻 보면 책 요약처럼 보이는 이 특별한 책 제목은 그 자체가 이미 작품의 주요 내용을 품고 있기에, 책을 집어든 순간 우리 눈 앞에는 익숙한 서사가 자연스럽게 펼쳐진다.

원래 작품 초반에는 크루소가 부모의 반대에도 불구하고 항해를 나섰다가 어려움을 겪는 이야기가 좀더 상술되어 있다. 그는 사업에 성공한 후 원주민과의 거래를 위해 항해를 나섰다가 무어인 (Moor)에게 잡혀 노예생활을 하기도 하고, 탈출한 후 브라질에서 농장을 경영하기도 한다. 이어진 항해 가운데 난파된 후 무인도에 쓸려와 살아남는 그의 이야기가 이 작품의 주요내용을 형성하는데, 1651부터 1687년까지 일자를 정확히 기록해가며 자신에게 일어난 일들을 일기형식으로 소상히 전해준다.

## II. 격리의 양면성 - 절망과 기회의 변증법

내가 그렇게 적막한 곳에서 외로이 죽어야 하는 건 하늘이 정하신 일이라는 생각이 들었다.

작중 1632년생으로 소개된 크루소는, 흔한 일은 아닐 수도 있지만, 이 세상을 평범하게 살아가는 모든 이들에게 일어날 수도 있는 이야기의 한 전형을 보여준다. 인생을 역동적으로 살리고 종횡무진 애쓰던 그가 무인도라는 장소에서 갖게된 경험은 인간이 직면할 수 있는 가장 극단적인 고립 상황을 보여준다. 이러한 상황에서 인간은 자신의 유한성과 취약성을 절감하게 되며, 동시에 존재의 의미에 대한 근본적 질문에 직면하게 된다. 격리의 초기 단계에서 크루소가 경험하는 것은 순수한 절망이다. 문명의 모든 혜택으로부터 차단된 상태에서 그는 자신의 무력함을 절감한다.

어떻게 신께서는 스스로 만드신 존재를 이렇게 완전히 파멸시켜 불행하게 만들고 아무런 도움도 받지 못하고 홀로 남게 함으로써 철저히 버리실 수가 있는가?

이와 같은 그의 질문은 고통 받는 인간이 신에게 던지는 영원한 의문이다. 이는 구약성경 욥기의 주제와도 직결되는 신정론(theodicy)의 문제이다. 몸도 마음도 외롭고 괴로운 현재적 상황에 모든 연약한 인간이 그러하듯, 크루소는 절규하듯 항변한다. 꽤 오랜 시간을 그렇게 지내게 되지만, 차츰 세월의 바람이 이러한 그의 감정을 다독여 준다. 시간이 지나면서 크루소는 자신의 상황을 다른 관점에서 바라보게 된다.

---

그래 내가 비참한 상황이라는 건 사실이다. 하지만 다른 사람들은 어떻게 되었는지 생각해야 하는 것 아닌가?

자신의 실존에 대한 철저한 객관화는 오히려 뜻밖의 사고의 전환으로 이어질 수 있다. 이는 현대 심리학에서 말하는 '인지적 재평가' 과정과 유사하다. 특히 주목할 만한 것은 크루소가 자신의 생존 자체를 기적으로 인식하기 시작한다는 점이다. "왜 너만 살아남았는가?"라는 질문은 처음에는 불공정함에 대한 항의였지만, 점차 특별한 선택과 은총에 대한 깨달음으로 전환된다. 이러한 관점의 변화는 격리가 단순한 징벌이 아니라 깊은 의미를 가진 내적 경험임을 시사한다. 극도의 위기와 고통을 경험한 후에도 인간은 오히려 더 깊은 자아 이해와 영적 성장을 이룰 수 있다는 '외상 후 성장'(post-traumatic growth) 이론에 아주 적합한 현상이 크루소에게 일어난 것이다.

또한 격리는 현대 사회에서 잃어버린 '진정한 자아'와의 만남을 가능하게 한다. 사회적 역할과 타인의 시선으로부터 완전히 자유로워진 상태에서 크루소는 자신의 본질적 정체성을 탐구하게 된다. 실존주의 철학자 하이데거(Martin Heidegger, 1889-1976)는 인간이 일상적인 삶에 갇혀 정체된 채 자신의 존재를 잊고, 타인의 시선이나 기대에 따라 살아가는 것을 '비본래적 존재'(uneigentliches Sein)의 삶으로 보았다. 반면 그에 의하면 '본래적 존재'가 자기 자신의 가능성을 인식하고 죽음을 향한 존재임을 본래적으로 인식할 수 있는 순간은 바로 자신을 둘러싼 일상적 환경이 완전히 사라져버렸을 때뿐이다. 크루소는 그야말로 일상적 삶을 벗어나 망망대해에서 난파라는 사건을 겪고 무인도에 유기된 상태에서야 비로소 '본래적 존재'(eigentliches Sein)로 귀환한다.

크루소는 자신의 그 자리에서부터 시작한다. 그의 무인도 생활에서 인상적인 것 중 하나는 그의 능동적이고 창조적인 적응 과정이다. 그는 단순히 현실에 굴복하지 않고 주어진 환경을 적극적으로 개선해나간다. 집을 짓고, 농사를 짓고, 도구를 만드는 과정은 인간의 창조적 능력과 적응력을 보여주는 동시에, 절망적 상황에서도 희망을 잃지 않는 인간 정신의 힘을 드러낸다.

그는 상황에 대한 낙심에 한탄하거나 소모적 반응을 절제하고, '문제 중심 대처'(problem-focused coping)의 모습을 보인다. 감정적 반응에 머물지 않고 구체적인 행동을 통해 상황을 개선하려는 노력은 스트레스와 역경을 극복하는 가장 효과적인 태도일 것이다. 크루소는 자신이 통제할 수 있는 영역을 찾아 집중함으로써 무력감을 극복하고 자존감을 회복한다.

특히 주목할 만한 것은 크루소가 보여주는 시간 관리와 일상의 구조화이다. 그는 달력을 만들고, 하루의 일과를 체계적으로 조직한다. 이는 단순한 생존 전략을 넘어서 정신 건강을 유지하는 중요한 방법이다. 현대 정신의학에서도 규칙적인 일상과 구조화된 시간표는 우울증과 불안 장애를 예방하고 치료하는 핵심적 요소로 인정받고 있다. 또한 크루소의 창조적 문제 해결 능력은 인간의 무한한 잠재력을 보여준다. 문명의 도구 없이도 그는 필요한 것들을 뚝딱뚝딱 스스로 만들어낸다. 이는 현대 사회에서 과도한 편의에 의존하며 잃어버린 자립적 생존 능력의 중요성을 일깨워준다.

## III. 격리된 크루소, 말씀을 발견하다

로빈슨 크루소는 갑작스런 사고 속에서도 무인도에서 홀로 잘 살아가는 것으로 알려져있지만, 그가 결코 처음부터 씩씩하게 살았던 것은 아니다. 난파된 직후는 극심한 고통 가운데 자기 몸을 겨우 추스러서 살아간다. 초반 한동안 그의 모습엔 낙망 절망 원망이 가득차 있다. 그러다가 정신을 차리고 이제 진정 살아남아야 되겠다 라고 작정하는 순간, 자신이 난파되었던 바로 그 선박이 얼마 떨어진 곳에 발견된다. 그곳에는 자신과 일행이 사용했던 다양한 일상의 가재 도구들이 얼마간 남아 있었다. 그는 이곳에서 음식, 무기, 양초를 만드는 재료 등, 연명에 필요한 물건들을 얻을 수 있었다. 그는 있는 힘을 다해 이 물건들을 하나씩 모아 무인도에 자기만의 성채를 쌓아간다.

그러던 어느 날 그 안에서 정말 먼지가 많이 묻은 책 하나를 발견하게 되는데 그것이 바로 성서였다. 원래 신앙심이 돈독하지 않았던 크루소는 무심하게 성서에 쌓인 먼지를 툭툭 털고서 그냥 간직하게 된다. 어린 시절부터 신앙이 좋은 부모님 곁에서 성장했지만, 크루소 자신에게는 그다지 큰 신앙적 감화가 있지 않았었다. 그러나 홀로 남겨진 생활 속에서 먹을 것 입을 것을 염려하며, 맹수의 공격을 두려워하는 불면의 밤을 겪고 있는 그에게 하나님의 말씀이 섬광같이 임하는 기적이 일어난다. 그는 그 말씀을 하나나 읽고 묵상하며 당면한 자신의 위기를 헤쳐나가게 된다. 크루소의 삶을 지켜준 대표적인 성서의 구절 세 개만 소개한다.

## ① 처음으로 성서를 펼쳐들었을 때

환난 날에 나를 부르라 내가 너를 건지리니 네가 나를 영화롭게 하리로다 (시편 50:15)

이 구절은 로빈슨 크루스가 처음으로 성서를 펼쳐 들었을 때 접한 말씀이었다. 그는 실로 무척 놀란다. 사랑했던 모든 가족들과 동떨어져 당장 오늘의 생존 여부가 확실하지 않은 채 두려움에 사로잡혀 있는 상황이었던 그에게 이 말씀은 진정한 주님의 음성으로 다가온다. 절망으로만 가득차서 어찌할 바 모르던 로빈슨 크루소는 이 말씀을 통해 믿음이라는 것을 다시 한번 확인하고 내면에 불끈 일어나는 의지를 다시 한번 다독이게 된다. 환난 날, 어떤 도움도 구하기 힘든 바로 그 지점 바로 그곳이 주님을 영화롭게 하는 장소가 될 것이라는 의미이다. 웨스터민스터 소요리문답 중, 가장 첫 번째 질문은 '사람의 제일되는 목적은 무엇인가?'이다. 그리고 그 정답은 '사람의 제일 되는 목적은 하나님을 영화롭게 하는 것과 영원토록 그를 즐거워하는 것이다'라고 되어있다. 하나님을 영화롭게 한다는 것이야말로 인생의 가장 큰 목적인데, 바로 그것을 위해서 나에게 환난을 주셨다는 것이다. 환난에서 검증받은 백성이야말로 그 영광을 하나님에게 돌릴 수밖에 없다는 의미가 될 것이다. 어찌 보면 우리가 하나님을 영화롭게 하는 기본적인 신앙인 자세가 되지 않다 생각될 지점에, 하나님께서는 환난을 주시는지도 모르겠다. 그런 의미에서는 환난은, 우리를 근원적 존재 의미인 영광 돌리는 존재로 세우기 위해서 주시는 변장된 축복인 것이다. 혹시 환난 중에 계신 분이 있다면, 지금 하루하루 죽음과 질병의 위협 자체가 환난인 분이 있다면, 이유있는 상황을 제공해주신 주님을 부르고 찾길 권한다. 주님께서 건져주실 것이다.

## ② 홀로 병상에서 씨름할 때

네 평생에 너를 능히 대적할 자가 없으리니 내가 모세와 함께 있었던 것 같이 너와 함께 있을 것임이니라 내가 너를 떠나지 아니하며 버리지 아니하리니(여호수아 1:5)

어떤 학자는, 작중 로빈슨 크루소의 행태를 문학적으로 분석한 이후, 그를 과대망상자 또는 극도의 정신불안증 환자로 규정할 정도로, 그의 방어적인 자세가 곳곳에 드러난다. 난파선에서 취해온 많은 나무들로 자신만의 성채 같은 보호막을 쳤음에도 불구하고,

반복적으로 보호막을 치고 계속해서 자신을 가두는 일을 이어간다. 얼마나 힘들고 외롭고 두려웠으면 그랬을까? 아무리 고통스러운 밤이어도, 돌아갈 가정이 있고 마음을 나눌 지인이 있다면 금방 회복될 수 있는 일도 밤낮 변함없이 기약없이 홀로 지내야 되는 일상이 계속될 때 지쳐갈 수밖에 없을 것이다.

로빈슨 크루스가 몸이 매우 아팠던 적이 있다. 고열에 신음하며 죽음을 떠올릴 지경의 괴로운 밤을 지새우며 힘들었던 그 밤, 결국은 정신을 잃어가는 그 가운데서도 끝까지 자기의 존재를 이 땅에 허락하신 하나님을 찾으려고 애쓰는 마음으로 이어진다. 그리고 바로 이 말씀을 얻게 된다. "내가 모세와 함께 있었던 것 같이 너와 함께 있을 것임이니라 내가 너를 떠나지 아니하며 버리지 아니하리니"(수 1:5). 지금 그의 곁엔 아무도 없는데, 그의 가시적 세계 안에는 아무도 동반자가 없는데 주님께서 내가 너와 함께 있을 것이라고 말씀하신 것이다. 그것도 잠깐이 아니라 너를 떠나지 않고 바짝 붙어있겠다고, 버리지도 않겠다고 말씀하신다. 이 말씀을 통해서 그는 임마누엘 하나님의 모습을 확신하며, 무인도 생활을 이어갈 큰 힘을 얻는다. 그리고 매일매일 말씀을 묵상하는 그 세계에 들어가게 된다.

### ③ 삶이 나태해졌을 때

이 사람아 네가 누구이기에 감히 하나님께 반문하느냐 지음을 받은 물건이 지은 자에게 어찌 나를 이같이 만들었느냐 말하겠느냐(로마서 8:20-21)

무인도 생활도 익숙해지니, 크루소에게 매너리즘이 찾아온다. 부모가 견지했던 청교도적 신앙의 영향인지, 그는 스스로를 자성하는 능력은 상당히 뛰어난데 어느날 스스로 자신이 감사를 잃고 있다는 것을 발견한다. 그런 자신을 반성할 때에 그가 붙잡은 성서 구절이 바로 위의 로마서 말씀이다. 인간이 서있는 상황, 만들어진 형태 모두 인간 자신이 결정한 것이 아니다. 이미 인간의 삶을 향한 주도권을 갖고 계셨던 하나님께서 인간 개개인을 향해서 그 계획을 실행하시는 과정일 뿐이다. 로빈슨 크루소는 바로 이 위대한 명제를 받아들인다.

자신이 불행하다고 하나님께 함부로 항의할 수 있는 것이 아니다. 하나님은 철저한 신이시고 창조주이시기 때문에, 그분이 조성해주신 환경 바로 그 자리가 나의 소명이고 인생의 시작인 것이다. 아울러 바로 크루소는 부모님의 뜻을 거역하고 방랑벽 때문에 불행한 삶을 자초한 자기 자신에 대해 크게 회개한다. 또한 부모님을 통해서 들었던 성서 말씀과 신앙적인 교훈들을 상기하면서 이 말씀을 발견하기에 이른 것이다. 그런 의미에서 로빈슨 크루소에게 성서는, 단순한 책이 아니라 진정 그를 절망의 자리에서 일으켜세워 새로운 인생을 시작하게 해준 - 말 그대로 - 생명책이라고 할 수가 있다.

## IV. 격리된 요나, 하나님을 부르다

크루소의 이야기를 읽다보면, 구약성서의 요나라는 인물이 떠오른다. 요나는 당시 앗수르 수도였던 니느웨(Nineveh)의 선지자로 부름받았으나, 하나님의 명령을 거부하고 뱃머리를 반대 방향 다시스(Tarshish)로 돌려 도피하다가 풍랑 속에 물에 던져지는 유명한 성서 이야기의 주인공이다. 하나님께서 큰 물고기를 예비하셔서 요나를 그 뱃속에서 지켜주셨고, 그는 그 안에서 새로운 인생의 전기를 맞이한다. 요나가 하나님에 대한 반항심으로 딴길로 가다가 불행을 맞이하는 장면은, 로빈슨 크루소가 작중 초반에 모험을 만류하는 부모님을 거부하고 일부러 거꾸로 청개구리처럼 삐딱선을 탄 모습과 무척 유사하다.

요나는 물고기 뱃속에 갇혀서야, 그토록 외면하려 했던 하나님을 부른다. 자신이 죽을 수밖에 없는 무력한 한계 상황에서 하나님을 가장 먼저 찾는다. 자기 자신의 의지가 판단기준에서 늘 중요했던 요나는, 어떤 의지도 발현될 수 없는 환경에 꽁꽁 묶여버리고서야 주님께 기도하기 시작한 것이다(요나 2:1-9). 주님과 소통을 거부하고 오히려 다른 길을 과감하게 가려하던 요나가 스스로 주님을 찾게 된 장소는 역설적으로 세상으로부터 격리된 물고기 뱃속이었다. 그러나 사랑의 주님께선 이 염치없는 요나에게 대답해주신다.

---

요나가 물고기 뱃속에서 그의 하나님 여호와께 기도하여 이르되 내가 받는 고난으로 말미암아 여호와께 불러 아뢰었더니 주께서 내게 대답하셨고 내가 스올의 뱃속에서 부르짖었더니 주께서 내 음성을 들으셨나이다 (요나 2:1-2)

고난을 맞이하고서야 정신차리고 스올의 뱃속에서야 부르짖는 요나를 향해, 신실하신 주님께서는 '너 왜 이랬다저랬다 하니?' 라고 타박하지 않으시고 그 음성을 들어주셨다는 것이다. '환난 날에 나를 부르라 내가 너를 건지리니 내가 너를 영화롭게 하리로다' 말씀 그대로 하나님께서 요나에게 응답하셨다. 환난 가운데, 스스로 모든 도움이 끊어져 단절된 바로 이 격리의 상황에서 하나님께 아뢰고 부르짖었는데, 그것이 공허한 메아리가 아니라 정확히 하나님게 당도했다는 확신을 요나가 얻게 된다.

주께서 나를 깊음 속 바다 가운데에 던지셨으므로 큰 물이 나를 둘렀고 주의 파도와 큰 물결이 다 내 위에 넘쳤나이다 내가 말하기를 내가 주의 목전에서 쫓겨났을지라도 다시 주의 성전을 바라보겠다 하였나이다 물이 나를 영혼까지 둘렀사오며 깊음이 나를 에워싸고 바다 풀이 내 머리를 감쌌나이다 내가 산의 뿌리까지 내려갔사오며 땅이 그 빗장으로 나를 오래도록 막았사오나 나의 하나님 여호와여 주께서 내 생명을 구덩이에서 건지셨나이다 내 영혼이 내 속에서 피곤할 때에 내가 여호와를 생각하였더니 내 기도가 주께 이르렀사오며 주의 성전에 미쳤나이다 거짓되고 헛된 것을 숭상하는 모든 자는 자기에게 베푸신 은혜를 버렸사오나 나는 감사하는 목소리로 주께 제사를 드리며 나의 서원을 주께 갚겠나이다 구원은 여호와께 속하였나이다 하니라 (요나 2:3-9)

이 구절에서 읽을 수 있는 요나의 심경은, 바로 앞 1장의 서두 부분과는 완전 반전된 분위기를 반영한다. 그는 모든 것이 차단된 물고기 뱃속에서 하나님을 찾았고, 응답받았을 뿐만 아니라, 이전에 보이던 반항적 모습의 요나는 보이지 않는다. 심지어 '내가 주의 목전에서 쫓겨났을지라도 다시 주의 성전을 바라보겠다'(욘 2:4)며 자신이 주님께 거부되는 상황이 온다해도 그뜻을 변경하지 않겠다는 적극적 태도로까지 변모한다. 지중해 시퍼런 물에 제대로 던져져서 깊이깊이 그 심연까지 이르렀던 상황을 '......깊음이 나를 에워쌌고, 바다풀이 내 머리를 휘감았습니다. 나는 땅 속 멧부리까지 내려갔습니다......'(욘 2:5-6, 새번역)고 표현한다. 땅이 빗장을 질러 자신을 가둔 것과 같은 비극 중에도 자신을 구원한 분이 하나님이었다고 고백하기에 이른다. 과거의 사건에 대한 새로운 해석의 전망, 그것은 앞으로 자신이 어떤 삶을 살겠다는 다짐으로까지 이어진다. '나의 서원을 주께 갚겠나이다'(욘 3:9). 요나 이야기에서 특히 주목할 점은 그의 격리가 징벌적 성격을 갖고 있으면서도 동시에 구원의 수단이라는 것이다. 물고기 뱃속은 죽음의 공간이면서 동시에 보호의 공간이다. 마찬가지로 크루소의 무인도도 절망의 장소이면서 동시에 영적 성장의 공간이 된다.

## V. 격리 속에 발견하는 섭리

### ① 하나님을 만나는 곳

격리라고 하는 상황은 외롭고 힘들며, 소망 없이 무력감에 왜소해지기에 절망의 언어만이 무한 반복되는 참으로 힘든 상황이다. 왜 하나님께서는 우리에게, 혈혈단신 던져져서 두려움에 떨어야하는 요나의 고래 뱃속 같은 상황을 주시는 것일까?

하나님께서 우리를 이런 격리 상황으로 몰고가시는 이유는, 격리된 환경 속에서만 확인되는 하나님의 커다란 의도가 있기 때문이다. 격리된 상황 자체가 하나님을 만날 수 있는 최적의 장소이기 때문이다. 우리가 하나님을 만날 수 있는 기회는 도처에 있다. 무소편재(無所遍在)하신 분이니 회중 예배 가운데에도, 공동체에서도, 심지어 복잡한 거리를 걸어가고 있을 때에도 우리는 주님을 만날 수 있다. 하지만 대중 속에서만 하나님을 만나온 사람들은 진정한 하나님과의 친밀함을 가지기 어렵다. 자신이 성숙한 신앙인으로서, 구원받은 백성으로서의 분명한 소신과 자각이 있다면 얼마든지 홀로 있을 수 있다. 직장 동료들과 함께하는 식사자리에서 혼자 식사기도를 할 때 느끼는 어색함, 또 용기내어 기도를 하고 눈을 떴을 때 자신을 쳐다보는 동료들의 시선을 느끼며 자괴감이 느껴진다면 하나님을 내가 제대로 만났는지 반문해야할 순간이 아닌가 싶다.

그래서 하나님께서는 우리가 그분을 깊이 있게 만날 수 있도록 일부러 대중을 떠난 외딴 곳에 우리를 내버려두신다. 요나도 예언자로 부름 받았을 때는, 어느 정도 자격을 갖춘 인물이라는 판단 하에 하나님의 발탁을 받지 않았겠는가. 하지만 그가 부르심을 거부하고 반대방향 배를 타고 수많은 선원들과 인파에 섞여 무리 가운데 있고자 했을 때, 하나님께서는 과감히 주변을 둘러싼 모든 것들을 걷어내 그를 맨몸으로 바다에 던져버리신다. 요나에게는 홀로 남겨진 시간이 필요했기 때문이다.

사도바울도 다메섹 도상에서 회심했을 때, 그에게는 이미 그동안 쌓아온 깊이있는 학문과 유대교 저변을 움직이던 바리새인으로서의 리더십, 태생부터 유리한 글로벌 소통 능력 등이 겸비되어 있었다. 하지만 하나님께서는 그의 이렇게 유리한 지도자적 요소를 극대화해서 곧바로 사용하지 않으시고 아라비아 사막으로 3년 간 보내신다(갈 1:17).

---

그러나 내 어머니의 태로부터 나를 택정하시고 그의 은혜로 나를 부르신 이가 그의 아들을 이방에 전하기 위하여 그를 내 속에 나타내시기를 기뻐하셨을 때에 내가 곧 혈육과 의논하지 아니하고 또 나보다 먼저 사도 된 자들을 만나려고 예루살렘으로 가지 아니하고 아라비아로 갔다가 다시 다메섹으로 돌아갔노라 그 후 삼 년 만에 내가 게바를 방문하려고 예루살렘에 올라가서 그와 함께 십오 일을 머무는 동안...... (갈라디아서 1:15-18)

그 기간의 성격에 대해서는 여러 의견이 있지만, 실로 한 인간이 이루기에는 쉽지 않을 것으로 생각되는 바울의 혁혁한 선교적 성과가 그 이후 이어진 것으로 보아, 이 기간은 분명 바울에게 선교의 대장정을 준비하게 하는 중요한 과정이었으리라 여겨진다. 많게는 서울 부산을 60번 이상 왕복한 것 같은 긴 거리를 이동했던 바울은 수많은 교회를 곳곳에 설립하고 기독교 복음을 설파하는 여정 가운데에도, 주옥같은 바울서신을 여러 편 남길 수 있었다. 아마도 오랫동안 유대교에 뿌리박혀 있었던 바울이 예수를 핍박하던 자에서 예수를 전하는 자로 삶이 전환되는 데에는, 그의 사상과 신앙의 방향성이 총체적으로 새롭게 정화될 시간이 필요했던 것 같다. 나의 모든 것을 내어놓고, 세상이 나에게 찬사를 보내지 않아도, 나를 도와주지 않아도 내가 하나님과 독대해서 그분만으로 행복한 그 경지가 되기까지 하나님께서 우리를 홀로 두시는 경우가 참으로 많다.

하나님이 아들이신 예수님마저도 그렇게 수많은 군중에 둘러싸여서 많은 사역을 감당하시면서 홀로 외로이 있는 시간을 자청하셨다.

---

새벽 아직도 밝기 전에 예수께서 일어나 나가 한적한 곳으로 가사 거기서 기도하시더니 (마가복음 1:35).

한국에서 새벽기도의 근거가 된 바로 그 익숙한 구절에서 단연 눈길을 끄는 단어는 '새벽'일 것이다. 하지만 여기서 눈여겨 봐야 할 또다른 단어는 '한적한 곳'이다. 마가복음 다른 본문에는 같은 그리스어 단어 '에레모스'를 더 흔한 단어인 '광야'(막 1:3,4,12,13, 개역개정 기준)로 번역했다. 새벽이 시간적 격리를 의미한다면, 광야는 공간적 격리를 추구하는 환경이다. 인류를 향한 구원사역을 감당할 예수님께도, 아무 기댈 곳이 없는 황량한 광야에서 아버지인 하나님을 깊이 만나는 시간이 필요했다.


청교도 신앙으로 충만한 부모 슬하에서도 신앙의 감화를 별로 받지 못했던 크루소에게도 하나님을 스스로 찾게 되는 첫 번째 사건이 있었다. 항해길에 처음 나선 로빈슨 크루소가 1651년 9월 1일

런던행 배를 타고 가던 중 큰 풍랑을 만난 것이다.

---

그러는 중에도 폭풍은 더 세차게 불었고 파도는 점점 거세졌다. 사실 그 파도는 그 뒤로 내가 여러 차례 본 파도들에 비하면 아무것도 아니었고, 바로 이삼 일 뒤에 보게 된 파도보다도 못했다. 하지만 그때까지만 해도 바다에 대해 아무것도 모르는 애송이 뱃사람이었던 나는 잔뜩 겁이 났다. 파도는 몰아칠 때마다 당장이라도 우리를 집어삼킬 듯했다. 그때마다 우리 배는 높은 파도 사이의 깊은 골로 처박혀 영영 떠오르지 못할 것만 같았다. 이런 마음의 고통 속에서 나는 수많은 다짐과 결심을 했다. 이번 항해에서 하나님이 한 번만 목숨을 구해 주신다면, 다시 한번 마른땅에 발을 디딜 수 있게 해 주신다면, 곧장 아버지 집으로 돌아가겠다고. 그리고 살아 있는 동안 두 번 다시 배를 타지 않을 것이며, 아버지의 충고를 받아들여 이런 불행한 일에 다시는 휘말리지 않겠다고 말이다.

경솔하게 아버지 집을 떠난 자신의 상황을, 집 떠난 둘째 아들(눅 15:11-24)에 빗대어 적용하며, 하나님을 향해 회개하는 모습은 로빈슨이 경험한 처음의 신앙적 도전으로 보인다. 파도가 출렁일 때마다 이대로 삼켜질 것만 같은 느낌을 받으며, 새로운 믿음을 다짐하기도 한다. 여태껏 의기양양하게 부모의 설득마저 내치고 나왔던 강고한 로빈슨 크루소는 어마어마한 풍랑 가운데 혼자 외톨이가 된 채 처절하게 하나님을 찾는다. 결국 그는 위기를 넘기고 살아나지만 생사갈림길에서 다짐한 내용은 잊혀지고 귀향하지는 않은 채 다른 모험에 계속 엮이게 된다. 하지만 이때 삶의 지경에서 격리될 뻔한 상황에서의 큰 각성은, 이후 더 극심하게 격리된 환경, 무인도 생활 가운데서도 자기가 홀로 있지 않음을 느끼게 하는 중요한 신앙적 도입부분이 된다.


## ② 감사를 배우는 곳

처음 무인도에 도착한 로빈슨 크루스의 독백에는 그림자가 가득하다. 아무리 생각해도 해석이 되지 않는 자신의 상황에 대해 아직 받아들이지 못하는 마음이 그대로 담겨있다. 준비 없이 맞닥뜨린 운명을 받아들이기 어려워 두려움과 분노 속에 어쩔줄 몰라하는 그의 모습이 안쓰러울 지경이다. 그러나 이렇게 격앙된 그의 마음이 시간을 지나며 큰 변화를 겪게 된다.

---

어느날인가는 총을 들고 해변을 걸으며 내 처지를 한탄하고 있는데 이성적으로 전혀 반대 생각이 들었다. 말하자면 이런 식이다

---

'그래 내가 비참한 상황이라는 건 사실이다 하지만 다른 사람들은 어떻게 되었는지 생각해야 하는 것 아닌가? 그 보트에는 11명이나 되는 사람들이 타지 않았던가? 나머지 10명은 어디로 갔는가? 그들이 살아남고 내가 죽지 않은 이유는 뭘까? 왜 너만 살아남았는가? 여기에 살아남은 것이 나은가 아니면 저 곳이 더 나은가?' 그런 생각을 하며 먼 바다를 바라보았다. 불행이 닥쳐도 늘 다행스러운 면이 있기 마련이며 더 끔찍한 상황에 처하지 않은 걸 다행이라 생각할 수 있는 법이다....


처음에는 자신의 불행한 처지만을 바라보던 그가 점차 자신이 받은 은혜들을 발견하게 되는 과정은 참으로 감동적이다. 생존 자

체가 기적이라는 깨달음, 그리고 무엇보다 하나님의 보호하심에 대한 인식은 그의 삶을 완전히 변화시킨다.

또한 그에게 영적 각성을 일으키는 또다른 사건도 있었다. 이 사건은 무인도 생활 중 난파선을 발견하는 이야기에서 시작된다. 크루소는 무척 기뻐서 갖가지 물건을 자신의 처소로 열심히 가져오는 중 빈 주머니를 하나 발견한다. 무언가 담을 때 쓰려고 먼지를 툭툭 턴 후에 주머니를 챙겨놓았다. 근데 얼마 지나지 않아서 생각지도 못했던 땅에서 작은 싹이 나는 것을 발견하고 놀란다. 푸른 보리 같은 여린 싹이, 결국 벼 이삭이 20-30개 열리는 기적을 체험한다.

---

그 모습을 보고 내가 얼마나 놀라고 어리둥절했는지 말로 표현할 수 없을 정도이다. 그때까지 나는 신앙심을 가지고 행동한 적이 한 번도 없었다. 사실 내 머릿속에는 종교가 무엇인지에 대한 생각도 거의 없었고, 내게 어떤 일이 일어나면 그저 우연이라고만 여겼다. 나는 그런 일들에 깃들어 있는 하나님의 의도나 세상 일을 다스리는 하나님의 질서 같은 것에 대해 깊이 생각해 본 적이 없었고, 그저 신의 뜻이려니 했다. 그러나 곡식이 자라기에 전혀 맞지 않는 기후에서 어디서 어떻게 온 건지도 알 수 없는 보리가 자라는 것을 보게 되자 나는 깜짝 놀랐다. 나는 하나님이 씨도 없이 하나님의 곡식을 자라게 하는 기적을 행했다고 생각했다. 그것도 이 조용하고 황량한 곳에서 내가 살아남게 하려고 그런 것이라는 생각이 들었다.

크루소는 자신을 향한 하나님의 기적이라고 생각하며 처음엔 무척 경이로워한다. 사실은 배 안에서 닭모이로 두었던 볍씨 중 몇 개가 주머니에 남아 있다가 크루스가 털어낼 때 무인도 땅에 떨어져 몇 알이 안 되지만 싹을 낸 것이다. 이것을 알고 나서도 크루소는 하나님의 뜻이라 고백하면서 하나님의 예비하심에 크게 감동한다. 이후로 식량이 제한되어 있던 환경에서 농사를 시작하는 계기가 된다. 이전에는 사냥으로 육류만 섭취했었는데 이제 식물을 재배해서 균형있는 식사를 할 수 있게 되었고, 그는 이를 하나님의 세밀한 손길로 인정하며 받아들이게 된다.

긍정심리학에서 강조하는 '감사 실천'(gratitude practice)이라는 개념이 있다. 규칙적인 감사 실천은 우울증을 감소시키고, 행복감을 증진시키며, 인간관계를 개선하는 효과가 있다. 크루소의 경우, 극한 상황에서도 감사할 항목을 찾아내는 능력이 그의 정신 건강을 유지하도록 했고 이후의 삶을 성공적으로 이어가게 이끌어 주었다.

특히 크루소가 자신의 상황을 다른 이들과 비교하면서 얻는 위안은 흥미롭다. 나머지 10명은 어디로 갔는가? 그들이 살아남고 내가 죽지 않은 이유는 뭘까? 이와 같은 질문을 통해 그는 자신의 생존이 특별한 은혜임을 깨닫는다. 이는 상대적 박탈감이 아닌 상대적 감사의 예시로, 어려운 상황에서도 긍정적 관점을 유지한다. 여기서 그치지 않고 크루소의 감사는 단순한 감정이 아니라 구체적인 행동으로 이어진다. 그는 정기적으로 기도하고, 성서를 읽으며, 하나님께 감사를 표현한다.

또한 크루소의 감사는 자기중심적이지 않다. 그는 자신의 구원뿐만 아니라 다른 이들의 구원에 대해서도 관심을 갖게 된다. 나중에 식인종들에게 잡혀 희생될 뻔했던 프라이데이를 구해주고, 그를 교육시키고 신앙적 감화를 위해 애쓰는 부분이 후반에 펼쳐진다. 크루소가 자신의 인생을 새롭게 이끌어준 신앙을 견지하며, 또 다른 이에게 이 신앙을 전하고자 하는 시도 자체는 그에 있어 확장된 감사의 표현이라 할 수 있다.

## VI. 온 인류의 격리 경험 COVID19

21세기에 들어 COVID19(코로나바이러스 감염증) 팬데믹을 경험하면서 전 세계 인류는 강제적 격리와 고립을 경험한 바 있다. 대한민국도 예외가 아니었고, 우리나라는 2020년 1월 20일 첫 확진자(해외유입, 중국 우한시) 발생 이후 감염이 계속 진행되어 2022년 3월에는 역대 최대 62만명의 확진자가 발생하는 등 5차 대유행까지 발생했으며, 3년 6개월간의 팬데믹 기간을 거쳐 2023년 6월부터 일상회복 단계에 진입했다(질병관리청 통계).

특별히 한국 교회는 COVID19로 인한 강제 격리 정책으로 인해 집합금지의 주요 통제대상이 되었고, 목회적 큰 전환점을 맞이하게 되었다. 비말에 의한 감염이 주요 원인으로 주목되며, 설교, 찬양과 소그룹 등 모든 교회 내 신앙 생활이 감시의 대상이 되었고, 매주일 전에 집합 가능인원을 각 지역구청에 허락받아야하는 지경까지 이르렀다. 모든 교회들이 성도들의 출입이 금지된 채 문을 닫고, 하염없이 집에 갇혀 기약없는 COVID19 종식만을 기도하는 기간을 꽤 길게 가져야 했다. 많은 교회가 온라인예배, 줌미팅을 통한 목회 활동을 진행하긴 했지만, 이 기간에 성도수가 급감하거나 떠나갔고, 이미 COVID19 용어 자체가 전설처럼 느껴지는 현재까지도 온전히 회복하지 못한 채 우리 마음에 남아있는 아픈 역사가 되었다. 이러한 상황에서 크루소의 이야기는 우리 삶 가운데 새로운 현재성으로 다가왔었다. 물리적 격리가 가져오는 심리적, 영적 변화, 그리고 그 과정에서 발견하게 되는 존재의 본질적 의미에 대한 크루소의 경험은 현대인들에게 소중한 교훈을 제공한다. 그러나 현대의 격리 경험은 크루소의 경험과는 다른 독특한 특징들도 갖고 있다. 디지털 기술의 존재로 인해 완전한 고독을 경험하기는 어려웠고, 오히려 정보 과잉과 가짜 뉴스로 인한 혼란이 더 큰 문제가 되기도 했다. 이는 진정한 영적 성찰을 위해서는 외적 자극으로부터의 의도적 차단이 필요함을 시사한다.

# VII. 하나님 섭리가 지닌 지혜

이 이야기는 겸손하고 진지한 태도로, 종교적 교훈을 담아 서술되었다. 현명한 사람들이 항상 그러하듯이, 이 사례를 통해 타인을 가르치고, 우리 삶에 일어나는 모든 다양한 상황들 속에서 — 그것이 어떤 방식으로 펼쳐지든지 — 하나님 섭리가 지닌 지혜를 증명하고 기리고자 함이다.

『로빈슨 크루소』의 저자 대니얼 디포는 자신의 책 서문에 저작의 목적을 친절하게 설명해주고 있다. '하나님 섭리가 지닌 지혜'(The Wisdom of Providence)를 증명하고자 한다는 그의 명시가 길지 않은 서문 안에서 반짝인다.

섭리(Providence)란 라틴어 pro(앞) + videre(보다) 의 결합형이다. '앞서 본다'는 기본적 의미를 갖는 이 단어는 시대적으로 그 의미가 변모해왔다. 일반고전 라틴어에서는 선견지명, 미리 신중히 준비하는 인간의 지혜를 뜻했던 것이, 기독교 라틴어에서는 하나님의 예지와 돌보심으로 의미가 확장된다. 중세 영어에서는 그 비슷한 맥락을 유지하다가, 디포 시대의 근세 영어에서는 예정론과 연결된 하나님의 주권적 통치로 이해되며, 개신교 신학의 핵심 개념이 되었다.

대영제국의 화려한 타이틀 아래 영국이 제국주의 맹주로 군림하던 시절, 당시 최대 관심사이던 바다와 항해라는 소재로 펼쳐진 이 작품에서 디포가 그리고자 했던 섭리의 함의는 어찌보면 단순하다. 그에 있어 하나님의 섭리란, 역사와 개인의 삶에 직접 개입하여 하나님이 이미 바라보고 계신 그 목적을 이루어가시는 것이다. 그는 이를 설명하기 위해, 대항해시대 바다의 삶을 동경하고 안심입명을 꿈꾸던 젊은이 로빈슨 크루소의 무인도 격리 사건을 사례로 든다. 그리고 그는 작품 전체 흐름을 통해, 당대 사상의 바탕이던 청교도적 신앙의 각성과 교화 과정을 그리며 하나님 섭리가 지닌 지혜의 해피엔딩을 증명한다.

결국 크루소의 이야기가 우리에게 전하는 메시지는 희망이다. 아무리 절망적인 상황이라도, 아무리 고립되고 외로운 처지라도, 그 안에서 하나님의 섭리를 발견하고 성장의 기회로 전환시킬 수 있다는 희망을 뜻한다. 이는 단순한 낙관주의가 아니라 신앙에 기반한 확신이며, 수많은 시련과 고난을 통과해온 인류의 집단적 지혜이다. 오늘날 우리가 경험하는 다양한 형태의 '격리' - 질병으로 인한 고립, 실직으로 인한 사회적 단절, 인간관계의 어려움으로 인한 정서적 고립 등 - 는 모두 크루소의 무인도와 같은 내적 성장의 공간이 될 수 있다. 중요한 것은 그 상황을 어떤 마음으로 받아들이고, 어떤 태도로 대응하는가에 있다. 디포가 300년 전에 창작해낸 크루소의 이야기는 여전히 우리에게 현재진행형이다.

## 05 초긍정의 힘

# 초긍정의 힘

루시 모드 몽고메리 『빨강머리 앤』(Anne of Green Gables, 1908)을 통한 긍정심리학과 내면의 성장 세계

## I. 실수로 시작되다

……아저씨가 오실 수 없는 온갖 상황을 상상하고 있었어요. 오늘밤 아저씨가 저를 데리러 오지 않으면 기찻길로 내려가 저기 모퉁이에 보이는 커다란 산벚나무에 올라가 밤을 보낼 생각이었어요. 그랬더라도 조금도 무섭지 않았을 거예요. 하얀 꽃들이 활짝 피어있는 산벚나무 위에서 달빛을 받으며 잠을 자면 정말 멋질 것 같지 않나요? 대리석으로 꾸민 방에서 지내는 기분이지 않겠어요? 오늘 밤에 못 오면 내일 아침에는 꼭 나오실 거라고 믿었거든요.(1장)

한 노인이 농사를 도울 남자 아이를 고아원에 요청한다: 스펜서 부인의 중재로 그 아이를 데려가기 위해 약속된 날에 기차역 플랫폼에 도착한다. 그런데 그곳에서 이 노인을 기다리는 이가 농사일과는 전혀 상관없어 보이는 11살짜리 깡마른 여자아이였다면 얼마

나 당황스러울까? 캐나다 소설가 몽고메리의 역작 <빨강머리 앤>은 이런 황당한 장면에서 그 이야기를 풀어가기 시작한다. 이 여자아이는 눈치도 없이 그칠줄 모르는 명랑한 수다로, 무뚝뚝한 노인을 결국 무장해제 시킨다. 어떤 설명도 할 수 없었던 노인은 할 수 없이 그녀를 집으로 데려오게 된다. 우여곡절 끝에 매슈와 마릴라 두 노인 남매가 사는 초록 지붕 집(Green Gables)에 함께 살게 된 고아소녀 앤의 이야기는 이렇게 시작하고 있다.

저자 루시 모드 몽고메리(Lucy Maud Montgomery, 1874-1942)는 캐나다 프린스 에드워드 섬 태생으로, 두 살 때부터 모친 별세로 외조부의 양육을 받았다. 어릴 때부터 문학에 소질을 보여 지역 신문에 시를 발표하기도 하고 대학졸업 후 교사생활을 하기도 한다. 외로웠던 어린 시절 환경을 탓하지 않고 꿋꿋하게 자신의 세계를 그려나간 그녀의 모습은, 빨강머리 앤의 주인공 고아 소녀 앤 셜리(Anne Shirley) 특유의 거침없는 언행과 솔직한 모습에 그대로 투영되어 있다. 이 작품은 표면적으로는 따뜻한 가족 소설처럼 보이지만, 그 내면에는 인간의 긍정적 잠재력과 회복력에 대한 깊이 있는 통찰이 담겨 있다. 특히 앤이라는 소녀의 불굴의 낙관주의와 상상력은 현대 긍정심리학이 추구하는 이상적 인간상을 선구적으로 제시하고 있다.

## II. 좌충우돌 명랑소녀

앤이 초록 지붕 집에서 두 노인 남매와 살기시작한 날부터, 그녀는 새로운 사회 적응으로 좌충우돌한다. 특히 자신의 머리 색깔이 붉은 것을 불편해 하는 그녀는, 처음 만난 레이첼 린드 부인이 홍당무같다는 표현을 하자 몹시 흥분하여 언어로 반격하는 일이 발생한다. 어른에게 무례하게 대처했다는 태도에 대한 벌칙으로 앤은 2층 자기 방에서 내려오지 못하게 된다. 하지만 어린 소녀의 상처받은 자존감은 자신은 잘못한 것이 없다고 버티는 모습으로 이어지고, 시간이 지나 생각을 바꿔 사과하러 가기에 이르기까지 작품 초반의 긴장을 형성한다. 하지만 대부분의 긴장은 앤만이 가진 고유한 매력, 순수함과 솔직함이 모든 오해를 풀고 새로운 따뜻한 관계로 진입하는 위력이 되고 만다.

이렇게 펼쳐지는 앤의 성장기는 주변 인물들과의 소통을 통해 다양한 장면으로 연결되며 아름다운 프린스 에드워드 섬에서의 동화를 그려낸다. 작품에 등장하는 여러 인물들은 앤과의 다양한 관계를 통해 작품 전반의 긴장과 재미를 더해주고 있다. 주요 인물들은 다음과 같다. 마릴라 커스버트(Marilla Cuthbert): 초록지붕 집의 주인으로 앤을 입양한 독신 여성이다. 반듯하고 엄격하며 검소하고 강인한 성격의 소유자로, 앤을 잘 교육하고자 하지만 마음을 표현하는 데 서투르다. 매슈 커스버트(Matthew Cuthbert): 초록지붕 집의 또다른 주인으로, 마릴라의 오라비이며 독신 남성이다. 과묵하며 여성과의 소통을 어려워 하지만, 따뜻한 마음과 섬세함으로 앤을 아끼며 지지한다. 다이애나 배리(Diana Barry): 앤의 가장 친한 친구로 많은 사건 속에서 추억을 쌓아간다. 길버트 블라이

드(Gilbert Blythe): 에이번리 마을 모범생이지만 처음 등교한 앤을 놀렸다가 평생 미움의 대상이 된다. 앤에게 냉대를 당하면서도 꾸준히 앤의 곁에 머문다. 실력면에서 앤을 고무시키는 경쟁자 역할을 하며, 후에 자신에게 주어진 좋은 기회를 앤에게 양보하기까지 한다.

## III. 앤의 초긍정 일상

### ① 응급상황의 친구 동생을 밤새 간호하고 돌아오며

학교에 다니기 시작한 앤은 새로운 친구들을 만나며, 공부도 열심히 하고, 쾌활한 성정 그대로 활발한 교우관계를 적극적으로 이어간다. 뛰어난 상상력과 명랑한 성격은 즐거운 학교생활로 이어지지만, 때때로 쉽지 않은 난관을 만나기도 한다. 앤이 만났던 어려운 상황 몇 개를 소개한다.

하루는 앤의 절친이었던 다이애나를 집에 초대해서 딸기주스를 대접했는데, 이것은 마릴라가 포도주를 잘못 알려준 것이었다. 뜻하지 않게 다이애나는 취해서 어려움을 겪고 앤은 상황을 설명하고 사과하지만, 다이애나의 엄마인 베리 부인은 앤과의 절교 조치를 취하도록 한다. 심지어 학교에서 만나도 인사도 할 수 없는 서로의 애틋한 마음이 깊어갈 즈음 한 사건이 발생해 이 관계를 다른 방향으로 이끈다. 다이애나의 어린 동생 미니메이가 한밤중 후두염으로 호흡곤란이 왔는데, 마침 마을 어른들이 모두 시내 모임으로 집을 비운 상태여서, 다이애나가 절교상태임에도 불구하고 황

급히 앤의 집으로 달려와 도움을 요청한 것이다. 앤은 초록 지붕 집에 오기 오래 전, 어린 시절부터 여러 집을 식모처럼 전전하며 어린아이를 돌보았던 경험이 풍부했던 터라, 위급한 상황의 미니메이도 능숙한 지식과 손길로 잘 간호해서 목숨을 살린다. 어떤 도움도 없이 한잠도 자지 못한 채 앤은 맹활약을 해낸다. 뒤늦게 도착한 의사는 큰일 날뻔 했지만, 응급처치가 잘 되어 위기를 잘 넘겼다고 앤을 칭찬한다. 밤을 꼬박새우고 지친 몸으로 매슈와 집에 돌아오며 어린 나이의 앤은 이렇게 예쁜 말로 자신의 심경을 전한다.

……아, 매슈아저씨 아름다운 아침이죠? 마치 하느님이 보고 즐기려고 만들어놓은 세상같아요. 그렇지 않나요? 저 나무들은 제가 후 하고 한 번 불면 날아가버릴 것 같아요. 후! 하얀 눈에 덮힌 세상에서 살고있어 너무 기뻐요. 아저씨는 그렇게 생각하지 않으세요? 그리고 해먼드 아주머니가 쌍둥이를 세 쌍이나 두었던 것도 결국에는 잘된 일이었어요. 그렇지 않았더라면 제가 미니메이를 어떻게 돌보아야 할지 몰랐을 테니까요. 해먼드 아주머니가 쌍둥이를 많이 낳았다고 싫어했던 것도 죄송하다는 생각이 들어요……
(18장)

그 어린 나이에 이미 응급상황에 있는 신생아를 간호한 경험을 갖추고 있었기에, 비상사태에도 친구의 동생을 위급한 지경에서 지켜낸 앤의 모습이 대견하기도 하고 한편 안쓰럽기도 하다. 일찍 조실부모하고 식모살이를 전전하다 고아원 시설에 맡겨졌던 앤의 과거는, 그녀가 명랑하게 요약하는 자신의 얘기 속에 아무렇지 않게 소개되지만 듣는 이들은 맘이 아프다. 한밤 중 절친의 요청으로 아픈 동생이 있는 친구 집에 달려가면서도 어른 한 명 없는 환경에서 혼자 이 일을 해내야하는 어린 앤은 얼마나 마음 졸이는 시간을 보냈을까 싶다. 하지만 역시 영특하고 용기있는 앤은 어떤 어른보다 잘 대처해주었다. 고단하지만 뿌듯했던 밤을 마치고 매슈와 귀가하는 앤에겐, 자신의 실력을 과시하는 우쭐거림도 고생한 것에 대한 공치사도 보이지 않는다. 그저 눈앞에 펼쳐진 대자연 속에 하나님의 솜씨를 높이고, 자신에게 큰 경험을 하게해준 고된 옛 환경에 감사를 표한다.

## ② 진학을 포기하는 앤을 걱정하는 마릴라에게

탁월한 성적으로 퀸즈 전문학교를 졸업하고 4년제 대학을 진학하려던 앤은, 자신에겐 어머니와 같은 존재로 곁을 지켜온 마릴라의 시력이 급격히 떨어지자 도와줄 가족이 필요함을 느끼고 자신의 진학을 포기한다. 이를 안타까워하며 만류하는 마릴라에게 앤은 이렇게 말한다.

제 꿈은 어느 때보다도 커요. 목표가 좀 바뀌었을 뿐이죠. 저는 좋은 선생님이 될 거예요. 아주머니의 눈도 지켜드릴 것예요. 공부는 여기 집에서도 할 수 있어요. 저 혼자서 대학공부를 조금씩 공부해나가면 돼요. 계획이 아주 많아요. 마릴라 아주머니 … 퀸스 학교를 졸업할 때는 제 미래가 곧게 뻗어 있는 길로만 나아갈 줄 알았어요. 그 길을 따라가면 많은 이정표를 볼 수 있을 거라고 생각했어요. 이제 그 길에 굽은 길이 생겼어요. 그 모퉁이를 돌아가면 무엇이 저를 기다리고 있을지 저도 몰라요. 하지만 좋은 게 기다리고 있을 거라고 생각할 거예요. 모퉁이 너머에 어떤 길이 있을지 궁금해요…. (38장)

진심으로 앤을 아껴주던 매슈의 갑작스런 죽음과 마릴라의 시력 상실 위기는, 꿈을 향해 무한질주하던 앤을 멈칫하게 한다. 그녀의 최우선 선택은 자신의 꿈보다 가족이었다. 탄탄대로 곧은 길만 예상했다가 뜻밖의 굽은 길을 만났지만, 사려깊은 그녀는, 자신의 희생이 마릴라를 불편하게 할 것까지도 마음을 쓴다. 굽은 길 모퉁이를 돌면 무엇이 있을지 모르지만, 가장 좋은 것이 있을 거라고 믿는다(I don't know what lies around the bend, but I'm going to believe that the best does.)는 앤의 문장은 우리 모두에게 초긍정의 힘을 도전해주는 명언이다.

## IV. 긍정의 힘, 신뢰의 힘

빨강머리 앤이 신앙서적은 아니다. 하지만 필자에게는 크리스천들이라면 꼭 한 번 읽기를 권하고 싶은 책 중 한 권이다. 소녀를 주인공으로 한 상큼한 소설로만 보이는 작품 곳곳에는 신앙적 감화를 불러일으키는 서술로 가득하다. 그리고 그 단락들은 우리에게 익숙한 성서의 한 페이지를 연상하는데, 특히 어떤 환경에도 무너지지 않을 긍정의 시선으로 세상을 대하도록 우리의 마음을 이끌어준다.

### ① 하나님은 우리의 창조주

하나님께서 지으신 모든 것이 선하매 감사함으로 받으면 버릴 것이 없나니

하나님의 말씀과 기도로 거룩하여짐이라(딤전 4:4-5)

빨강머리 앤 작품 전반을 읽어가다 보면, 작중 배경인 캐나다 프린스 에드워드 섬 현장을 가보고 싶다는 생각이 절로 들 정도로 아름다운 자연 풍광에 대한 서술이 많이 등장한다. 첫 장, 자신의 처지가 어찌될지도 모르는 상태에서 초록지붕 집으로 이동하는 매슈의 마차 안에서 끊임없이 이어지는 그녀의 수다는, 실제 주변에 펼쳐진 자연을 감탄하는 능동적 소통으로 가득차 있다. 심지어 자신만의 감각으로 평범한 가로수길을 '하얀 환희의 길'(The White Way of Delight), 배리 씨네 연못을 '반짝이는 호수'(Lake of Shining Water)이라고 부르는 등 새로운 이름을 지어주고 즐기기까지 한다. 절친인 다이아나를 만나던 날 새 친구를 맞이하는 흥분된 심경은 그녀의 집을 둘러싼 자연에 대한 상세한 묘사와 맞닿아 있다.

---

배리 씨네 정원은 꽃이 만발한 나무들로 그늘이 드리워져, 운명을 가늠할 순간이 아니었다면 앤의 가슴을 마냥 즐겁게 해주었을 것이다. 오래된 굵은 버드나무와 높다란 전나무가 정원을 둥그렇게 둘러쌌고, 그 밑으로는 그늘을 좋아하는 꽃들이 탐스럽게 피어 있었다. 조가비로 가장자리를 깔끔하게 두른 반듯하고 각진 오솔길들이 축축한 빨간 리본처럼 가로와 세로로 정원을 가로질렀고, 그 사이에 가꾼 꽃밭에는 옛 냄새를 물씬 풍기는 꽃들이 만발했다. (12장)

하나님께서 지으신 모든 것은 선하다. '선하다'로 번역된 그리스어 '아가토스'(agathos)는 영어의 good처럼 좋다는 일반적 의미, 선하다는 인격적 의미를 모두 포괄한다. 그런 의미에서 하나님이 태초에 천지를 창조하시니라(창 1:1)는 성서의 첫 구절은 신앙의 가장 큰 전제가 된다. 천지는 하나님의 살아계심을 보이는 중요한 근거가 되기에, 자연을 바라보노라면 속된 인간의 모습은 사라지고 위대한 주님의 손길이 더욱 크게 느껴진다.

---

이는 하나님을 알만한 것이 저희 속에 보임이라 하나님께서 이를 저희에게 보이셨느니라 창세로부터 그의 보이지 아니하는 것들 곧 그의 영원하신 능력과 신성이 그 만드신 만물에 분명히 보여 알게 되나니 그러므로 저희가 핑계치 못할지니라(로마서 1:20)

---

자기 전 기도를 하라는 마릴라에게 앤이 반문했던 다음 문장은 그녀의 하나님에 대한 진정한 이해를 반영하고 있는 것으로 보인다. "왜 기도를 할 때는 무릎을 꿇어야 하죠? 저라면 정말 기도하고 싶을 때 이렇게 하겠어요. 혼자 드넓은 들판에 나가거나 깊고 깊은 숲 속으로 들어가서 하늘을 올려다볼 거예요. 푸른색이 끝없이 펼쳐진 것처럼 보이는 아름답고 푸른 하늘을 높이, 높이, 높이 올려다볼 거예요. 그럼 마음으로 기도가 느껴질 거예요"(7장).

그런데 하나님이 지으신 것이 자연만 있는 것이 아니다, 창조의 마지막 작품이었던 인간도 하나님의 어엿한 피조물이다. 우리 눈에 아름다운 피조물도 있지만, 가끔 하나님이 지으신 것이 맞나 반문하고 싶을 만큼의 대상을 만나는 것이 우리의 현실이다.

앤은 하나님이 지으신 모든 것, 피조물 자연뿐 아니라 피조물인 인간에 대해서도 같은 신뢰를 갖고 있다. 태어난 지 석달 만에 조실부모 후, 자신보다 어린 애들 넷 돌보는 일을 거들며 얹혀살아야 했던 토머스 부인네 집과, 여덟 아이를 돌보며 살아야했던 해먼드 부인네 집에서의 고단한 삶에 대해 질문받자 당황하지만 다음 같이 답변한다.

---

그분들은 저한테 잘해주려고 했어요. 가능하면 잘해주고 친절하려고 애썼다는 걸 알아요. 누군가에게 우리를 친절하게 대하려는 마음이 있다면 그 사람이 항상 친절하지는 않아도 크게 신경 쓰지는 않잖아요. 그분들에게는 걱정거리가 많았어요. 남편이 술주정뱅이였는데 얼마나 힘들었겠어요? 또 쌍둥이가 줄줄이 세 쌍이나 된다면 정말 힘들지 않았겠어요? 하지만 그분들이 마음으로는 제게 잘해주고 싶었다는 걸 믿어요.(5장)

현대는 국제노동기구(ILO)의 기준에 의하면, 5-14세의 노동을 아동노동(child labour)으로 규정하고 있고, 위법 사항에 대해 각국은 각국의 기준에 따라 처벌하고 있다. 앤이 경험했던 세계는 실상 아동학대가 아무렇지 않게 행해진 듯한 환경이었지만, 그녀는 어린 나이에 그 모진 상황을 모두 받아들이며 지냈다. 그뿐 아니라, 어린이인 자신을 보호해주기는커녕 신생아 양육이라는 버거운 짐을 내맡겼던 어른들을 원망하기보다는 오히려 변호하며 공감하기까지 한다. 하나님이 지으신 모든 것, 자연뿐 아니라 인간까지도 선하다고 믿으려는 신뢰의 마음이 느껴진다.

## ② 하나님은 우리의 구원자

여호와의 말씀에 내 생각은 너희 생각과 다르며 내 길은 너희 길과 달라서 하늘이 땅보다 높음 같이 내 길은 너희 길보다 높으며 내 생각은 너희 생각보다 높으니라(이사야 55:8-9)

하나님은 우리의 구원자가 되신다. 인간을 창조하신 이후 우리를 방치하신 것이 아니라 매일 일상 가운데 밀착동행하시며 우리가 당하는 현재적인 고통으로부터 건져주시는 분이 바로 하나님이다. 이해되지 않는 순간마저도, 내 생각 내 길과 다르게 날 구원하시는 분이다. 내 길 내 생각보다 높은 분이다.

초록 지붕 집의 커스버트 남매가 생각했던 것은, 노쇠해가고 있는 매슈가 농사를 계속할 수 있도록 도와줄 남자아이를 구하는 것이었다. 하지만 상황은 뜻밖에도 중개인의 소통 실수로 여자아이인 앤이 이 집에 오게 되었다. 처음엔 당황했던 남매도 차츰 앤과의 동행을 즐기게 되고, 그녀는 가족 이상의 존재감으로 초록 지붕 집의 활력소로 자리한다. 가족애로 지지받은 앤은 일취월장 자신의 세계에 성장을 이루는데, 후에 초록 지붕 집이 매각될 위기마저도 앤의 용단으로 해결되는 결말로 이어진다. 만약 앤이 그때 이 집에 오지 않았다면 어떻게 되었을까? 앤이 없었다면, 각자 인생의 큰 상처를 장애처럼 안고 일반적 사회성이 결여된 채 살아가던 노인 남매의 삶은 어떻게 이어졌을까? 매슈는 이미 이 부분을 충분히 느꼈던 것 같다. 앤이 퀸즈 전문학교로 진학하기 위해 작별인

사를 겸한 마지막 밤, 의젓하게 성장해 시낭송을 하는 앤의 모습을 보며 감격과 아쉬움에 눈물을 감추고 자리를 뜬 매슈는 혼자 중얼거린다.

...... 앤은 우리에게 축복이야. 스펜서 부인의 실수가 우리에게 큰 행운을 안겨다준 거야. 행운이었다면 말이야. 그냥 행운은 아니었을 거야. 하느님의 섭리였어. 우리에게 저 아이가 필요하다는 걸 하느님이 아신 거야. (34장)

하나님의 생각은 인간의 생각과 다르고, 하나님의 길은 인간의 길과 다르다. 다를 뿐 아니라 높이도 차이가 난다. 그 차이는 땅과 하늘 차이만큼이나 현격한 것이다. 매슈의 혼자말에는 바로 이 부분에 대한 설복이 포함되어 있다. 다양한 문제 상황 가운데 방황하는 우리를 주님은 주님만의 방법으로 구원해내신다. 심지어 인간의 실수로 보이는 사안에도 주님께서 역사하시는 생각과 길은 감춰져 있을 수 있다. 자칫하면 그 뛰어난 상상력을 헛된 꿈이라 비하당하며 고아원에서 비참한 시간을 보냈을 앤이라는 소녀를, 하마터면 과거의 그늘을 벗지 못하고 평생 올가미에 묶인 듯 노년 이후에도 평생 비장한 시간을 보냈을 마릴라와 매슈라는 남매를, 인간의 생각으로는 감히 따라잡을 수 없는 하나님의 생각으로 그들을 만나게 하신 것이다. 이를 위해 종종 사용되는 도구가 바로 인간의 실책이다. 마치 마릴라와 스펜서 부인과의 소통이 완전 어긋나 한바탕 소동이 났던 것과 같다.

하나님께서 우리를 구원하실 때 하나님의 절대적인 손길을 펴실 때 사람과 사건을 사용하신다. 우리 믿음의 시력이 바래지 않는다면, 내게 일어나는 수많은 일들 가운데, 사건과 사람 뒤에 가려져 있는 하나님의 손길을 분명히 느낄 수 있을 것이다. 우리의 신념이 이 땅이 아닌 하늘과 늘 닿아있다면, 대작을 만들어가는 영화 감독처럼, 보이지는 않지만 모든 것을 철저히 기획하고 지시하고 움직이게 하는 구원자 주님을 만날 수 있을 것이다.

## V. 긍정심리학

추상적으로밖에 설명할 수밖에 없다고 이해해온 인간의 행복감을 과학적 입증이 가능한 영역으로 끌어올린 학자가 있다. 1998년 미국심리학회 회장에 선출된 마틴 셀리그먼(M.E.P.Seligman)이 바로 그 선구자인데, 그는 2차대전 이후 심리학이 병리적 영역만 강조되어 온 부분을 지적했다. 정신질환 치료에만 집중하면서 인간을 수동적 존재로 보아온 '피해자학'(victimology)에서 벗어나, 정상적인 사람들의 행복과 강점에 대한 새로운 과학적 연구가 필요하다고 그는 주장했다. 그리고 그 열매로 긍정심리학(positive psychology)이 탄생하게 된다.

그가 제안한 행복의 3가지 요소가 있다. 마치 등정을 나선 등산객의 동선처럼 행복에 이르는 단계를 지형학적 상승 과정으로 그가 설명하고 있는 것이 흥미롭다. 우선 인생의 주차장에 갇혀있지 말고 밖에 펼쳐진 길로 스스로 나와야 한다. 첫째, 산기슭을 밟는다. 즐거움과 만족감을 느낄 수 있는 무언가로 시작한다.(countryside of pleasure and gratification) 둘째, 산마루로 나아간다. 강점과 미덕을 발견하고 몰입한다.(high country of strength and virtue) 셋째, 산 정상에 이른다. 드디어 지속가능한 성취, 의미와 목적에 이른다.(peaks of lasting fulfillment: meaning and purpose)

셀리그만이 제시한 긍정심리학의 관점에서 앤의 모습을 분석해 보면, 그녀는 인간의 긍정적 잠재력을 최대한 발휘하는 이상적인 사례라고 할 수 있다. 행복의 세 요소 모두를 앤은 자신의 삶에서 십분 실현하고 있다.

첫째, 앤은 일상의 작은 즐거움들을 놓치지 않는다. 자연의 아름다움, 친구와의 대화, 책 읽기 등에서 순수한 기쁨을 느낀다. 마치 그녀의 반짝이는 눈은 자신을 둘러싼 공기 입자 하나하나에서도 즐거움을 찾아내고 그녀의 영혼은 누구도 빼앗을 수 없는 만족감 속에 감탄을 잃지 않는다. 둘째, 그녀는 자신의 강점을 살릴 줄 알며 미덕을 잃지 않는 태도 속에 하루하루 자신의 삶에 완전히 몰입한다. 공부할 때도, 즐길 때도, 일할 때도 전심으로 임한다. 셋째, 그녀는 자신의 삶이 더 큰 의미와 목적을 갖고 있다고 믿는다. 자신이 받은 사랑을 다른 사람들에게 전할줄 알고, 세상을 더 아름답게 만드는 것이 자신의 사명이라고 생각한다. 작품 마지막 장에서 앤이 갑자기 몰아닥친 불행을 한꺼번에 느끼며 어둠 속 창가에서 무거운 가슴으로 눈물을 흘리는 장면이 있다.

집에 돌아와 창가에 앉았던 날 이후로 모든 것이 너무나 슬프게 변해버렸다! 그날 밤만 해도 앤에게는 희망과 기쁨이 넘쳤고, 미래는 온통 장밋빛으로 빛났다. 그날 이후로 몇 년이나 지나버린 듯한 기분이었다. 그러나 잠자리에 들 때쯤에는 입가에 미소가 번지고 마음은 평온을 되찾았다. 앤은 자신에게 주어진 의무에 용기 있게 맞섰고, 그 의무를 일생의 벗으로 삼기로 결심했다. 우리가 의무를 솔직하게 받아들이면 의무가 언제나 친구처럼 느껴지듯이.(38장)

그녀가 극도의 위기 가운데에서도 곧 평온을 되찾는 전환점은 그녀가 발견한 사명에서 왔다. 몰아닥치는 의무를 피하지 않고 직면하며, 거부하지 않고 오히려 일생의 벗으로 진솔하게 수용하기로 마음에 결정을 한 순간, 의무는 더 이상 그녀의 가슴을 누르는 무거운 것이 아니다. 결국 행복은 기쁨이 되는 작은 일에서 시작해서, 나의 강점을 발견하며 과업에 집중력을 도모로 이어지고, 묵직한 의미와 사명이 나를 견인하는 지속적인 힘이 될 때 비로소 완성도 있는 영역이 된다고 본다. 사명을 버겁게만 여기는 모든 이들에게 도전이 되는 부분이다.

셀리그만이 후에 제시한 PERMA 모델도 앤의 삶 안에서 발견되는 요소들이다: 긍정 감정(Positive Emotion), 몰입(Engagement), 관계(Relationships), 의미(Meaning), 성취(Achievement). 그녀는 긍정적 감정을 자주 경험하고, 자신의 활동에 깊이 몰입하며, 건강한 인간관계를 맺고, 삶의 의미를 추구하며, 자신만의 방식으로 성취를 이룬다. 특히 앤의 '초긍정'은 일반적인 긍정 사고를 넘어선다. 그것은 현실을 왜곡하거나 부정하지 않으면서도 모든 상황에서 성장과 의미를 찾아내는 성숙한 태도이다. 이는 '진정한 긍정성'(authentic positivity)의 개념과 일치한다. 이는 표면적이고 억지스러운 긍정이 아니라, 깊은 자기 이해와 수용에 기반한 진정한 긍정성이다. 현대 뇌과학 연구에서도 긍정적 사고의 뇌 구조적 변화 효과가 확인되고 있다. 규칙적인 긍정적 사고와 감사 실천은 뇌의 신경가소성을 통해 실제로 뇌 구조를 변화시키고, 더 높은 행복감과 회복력을 가져다준다. 앤의 지속적인 긍정적 태도는 이러한 과학적 근거를 가진 실천이라고 할 수 있다.

## VI. 피파 그리고 앤

하느님은 천국에 계시고, 땅에서는 모든 것이 평화롭도다. (38장)

좌충우돌 명랑소녀 앤 셜리를 그린 작품 『빨강머리 앤』은, 작중 주인공인 그녀의 독백으로 이렇게 끝맺음되어 있다. 언뜻 보면, 성탄절 애송되는 천사의 노래로 들린다. "지극히 높은 곳에서는 하나님께 영광이요 땅에서는 하나님이 기뻐하신 사람들 중에 평화로다 하니라"(눅 2:14). 아기 예수님 탄생을 축하하는 경사스러운 날의 평화로움을 노래한 구절로 다가온다. 하지만 이 구절의 출전은 성서가 아니다.

빅토리아 시대 유명한 시극가였던 로버트 브라우닝(Robert Browning, 1812-1889)의 작품, '피파가 지나가다'(Pippa Passes,

1841)의 한 구절이다. 시극의 주인공 피파는 아솔로라는 도시에서 실크공장에서 일하는 가난한 고아소녀로, 산업혁명 시대에 자행된 아동노동의 가혹함의 표상이다. 하루 16시간의 중노동, 1년에 단 하루뿐인 휴가가 그 열악한 환경을 말해준다. 그녀는 단 하루의 금쪽같은 휴가를 어떻게 사용할까 고민하다가, 그 마을에서 가장 행복한 사람 네 사람을 자기 기준으로 정하고, 그들의 집 창가를 지나며 진심으로 존경과 기쁨의 노래를 부르기로 결정한다.

그 중 첫 대상자 오티마(Ottima)는 실크공장 소유주의 아내였고 마을 전체의 선망 대상이었지만, 실상 오티마는 보여진 것과는 다르게 부정 이후 범죄를 저지른 채 죄책감에 시달리고 있었고, 피파의 노래를 듣는 순간 서로에 대한 혐오감에 몸을 떨게 된다. 오티마의 집 앞에서 불려진 피파의 노래 마지막 구절이 바로 빨강머리 앤의 마지막을 장식하는 앤의 독백이다. '하느님은 천국에 계시고, 땅에서는 모든 것이 평화롭도다'(God's in his heaven – All's right with the world). 브라우닝이 사용했던 원래 이 문장은, 하늘에 하나님이 계심에도 불구하고 결코 평화롭지 않은 이 땅의 현상을 향한 그의 통렬한 자조였을 수 있다. 그러나 몽고메리는 브라우닝의 어두운 아이러니를 의도적으로 뒤집어, 앤의 불굴의 낙관주의와 성숙한 지혜를 역설적으로 보여준다. 브라우닝의 피파는 자신이 하루종일 노래를 불러준 대상들이 여전히 행복하다고만 믿고 또 자신의 노래가 그들의 삶에 어떤 영향을 끼쳤는지도 전혀 모른 채 내일의 고단한 노동을 위해 무심히 잠드는 순진한 소녀로 그려지고 있지만, 몽고메리의 앤은 그녀처럼 단순하지 않다. 그녀는 태생부터 힘들었던 모든 과정 속에서, 감내하고 노력하고 성취하며, 때로는 물러나며 포기하며 수용하며 삶의 역동성을 온몸으로 체득한 현실의 인물이다. 그녀의 차별화된 능력은 현실의 고통을 알면서도 여전히 세상을 움직이는 힘을 신뢰하는 태도에 있다. 피파가 순진무구한 낙관주의(naive optimism)라면, 앤은 회복력 있는 낙관주의(resilient optimism)를 상징한다. 마지막 문장까지도 섬세하게 앤의 초긍정 자세가 얼마나 단단한 것에 기반하고 있는지를 전해주는 몽고메리의 뛰어난 문학적 장치에 감탄한다. 이 작품이, 하늘이 아닌 이 땅에 발을 딛고 살아가야하는 우리 모두에게 진정한 위로와 격려가 되는 까닭이다.

# 06
## 원한의 종착역

## 06
# 원한의 종착역

에밀리 브론테 『폭풍의 언덕』(Wuthering Heights, 1847)을 통해 살펴보는 복수가 휩쓸고 남긴 허망함

# I. 제대로 자라지 못한 전나무

…… 집 옆으로 제대로 자라지 못한 전나무 몇 그루가 지나치게 옆으로 기울어진 것이나, 태양으로부터 자비를 갈망하듯이 모두 한 쪽으로 가지를 뻗고 늘어선 앙상한 가시나무를 보아도 등성이를 넘어 불어오는 북풍이 얼마나 거센지 짐작할 수 있다. (민음사, 2005/ 김종길 역)

영국 작가 에밀리 브론테(Emily Bronte 1818-1848) 삼십 평생의 유일한 소설인 『폭풍의 언덕』은, 영국 문호 서머셋 몸이 선정한 세계 10대 소설 중 하나이며, 셰익스피어의 『리어 왕』 멜빌의 『모비 딕』과 더불어 영문학 3대 비극으로 꼽힌다고 전해진다. 작가의 생애 중 인정받지 못했던 이 작품은 오히려 세기가 바뀌어 각광받았고, 수차례 영화와 된 바 있다. 작가는 영국 요크셔 출신으로. 아버지가 성공회 사제였으며, 작가의 언니는 『제인 에어』(Jane

Eyre,1847)를 쓴 샬럿 브론테(Charlotte Brontë, 1816-1855)이다.

  이 작품의 시작부는 위 인용구절처럼 폭풍의 영향을 받아 굽어진 나무등걸 모양만큼 굴곡진 한 인생을 주인공으로 한다. 우선 작품 제목에 대한 정리가 필요하겠다. 통상 '폭풍의 언덕'이라고 번역되는 작품 제목은 원제 'wuthering heights'에 대한 직역이다. 'wuthering'이라는 영어 단어는, 캠브리지 사전에 의하면, '매우 강한 바람이나 그러한 바람이 부는 곳을 형용하는' 이라는 의미로, 메리암 웹스터 사전에 의하면 '둔탁한 포효음을 내며 부는'이란 의미로 사용된다. 사실 'wuthering heights'는 본 작품 안에서 플롯의 중요 인물군인 언쇼(Earnshaw) 가문의 저택 이름이다. 이 저택에 사는 언쇼 가문 가족들 안에 생긴 이야기들이 주요 내용이기 때문에 제목은 원래 '워더링 하이츠'라고 부르는 것이 나을듯하다. 하지만 통상 기존 번역 대부분이 이 제목을 친절하게도 단어별로 직역해서 '폭풍의 언덕'으로 불러왔기에 혼동을 피하기 위해 작품명은 폭풍의 언덕으로 통일한다. 단, 작품 중 언급되는 저택으로서의 'wuthering heights'는 '워더링 하이츠'로 구분하고자 한다.

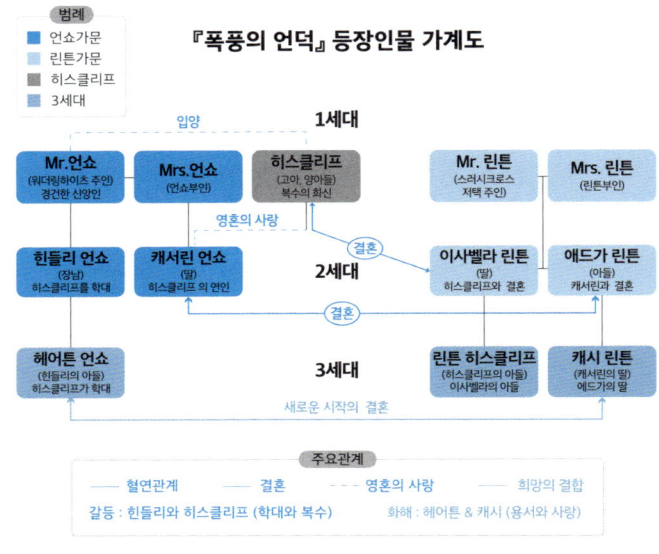

## II. 워더링 – 폭풍 전야

이 대작의 수많은 인물군 중 중심을 이루는 주인공은 히스클리프라고 보아야 할 듯하다.

그는 거리의 고아였으나, 경건한 신앙인이었던 아버지 언쇼의 손길에 이끌려 양아들로 들어오는 은혜를 입는다. 하지만 언쇼가 자신의 자녀들인 힌들리, 캐서린 남매와 똑같은 자녀로 히스클리프가 수용되기 바랬던 마음은 가족들에게 큰 불편함을 끼치게 된다. 이 과정에 아버지가 히스클리프에게 보내는 절대적 긍휼과 자비의 처사는 원래 아들 힌들리에게 역차별의 아픔으로 다가오게 된다. 그리고 그의 쌓인 아픔은, 아버지가 돌아가시자마자 가문 주인의 자격으로 히스클리프를 하인으로 강등시키고 그간의 분노를 쏟아내며 극도로 학대하는 모습으로 분출된다.

하지만 외롭고 서러운 그의 인생에 각별한 공감과 다정함으로 다가와준 이가 있어 힘든 시절을 견디게 해주는데, 바로 그 집의 딸인 캐서린이었다. 둘 간의 유대감은 의붓 남매 이상의 것이었고, 공통적으로 거친 야생의 심성은 힌들리의 억압이 가득한 워더링 하이츠 안에서 의지할 곳 없이 외로운 서로에게 큰 위안이 된다.

하루는 작은 사고로 캐서린이 지방판사 집안인 린튼 가문의 저택, 즉 스러시크로스 저택(Thrushcross Grange)에 머물며 간호를 받는 일이 생기게 된다. 어엿한 규수감이긴 했지만 그간 어른들의 보호를 잘 받지 못하고 거친 환경에서만 익숙하던 캐서린은 매우 안정된 신사 집안에서 며칠을 지내는 동안 명문가의 규율 분위기에 큰 영향을 받고 요조숙녀의 모습으로 돌아오게 된다. 이후로 캐서린은 심경에 큰 변화를 겪게 되고 히스클리프와의 관계는 다소 소원해진다. 더나아가 그러나 캐서린이 린튼 가문의 자제 에드가 린튼의 청혼을 받고, 결혼까지 결정하게 되자, 캐서린을 유일한 영혼의 동지로 삼고 있던 히스클리프의 거절감은 극에 달하게 된다. 그리고 그는 종적을 감춰버린다.


캐서린이 린튼 가문의 안주인이 되어, 자신에게 늘 다정한 남편 에드가와 행복한 가정생활을 하고 있던 어느 날, 그녀의 집에 3년 만에 완전변신한 히스클리프가 깜짝 등장한다. 이전에 야생마같던 모습은 온데간데 없이 말쑥한 신사의 모습과 매너로 나타난 그는 의미심장하고도 용의주도하게 양 가문을 향한 폭풍의 진원지가 될 것을 예고하고 있었다.

## III. 하이츠- 두 저택을 손에 쥐다

히스클리프는 그 동안 단단히 준비한 복수의 칼날로, 자신을 학대한 힌들리가 속한 언쇼 가와 자신을 버리고 캐서린이 시집한 린튼 가를 차츰차츰 무너뜨려간다. 처음에 그는 캐서린과의 관계를 회복하고자 하지만, 이미 결혼이라는 제도로 묶여있는 그녀에게 접근하기는 쉽지 않은 일이라는 것을 깨닫는다. 그래서 에드가 린튼의 철없는 여동생 이사벨라 린튼을 유혹해 결혼을 해서 린튼가의 일원이 된다. 사랑이 아닌, 철저히 계산된 그의 복수 방식의 도구로 양 가문의 사람들을 이용하고 조종하기에 이른다. 이와 함께 워더링 하이츠를 지키고 있는 자신의 원수 힌들리를 자신의 탁월한 도박기술로 패망시키고 부채를 지워 결국 워더링 하이츠 저택을 빼앗기까지 한다.

모든 것을 빼앗기고 처절하게 멸망한 힌들리의 아들 헤어튼 언쇼를 하인으로 부리며, 자신이 그 아비에게 당했던 지난 삶을 똑같이 갚아주고자 한다. 교육을 전혀 안 시켜서 미개인처럼 만들뿐 아니라, 음식도 제대로 주지 않으며 부랑아처럼 막 대한다. 원래는 그 아이가 워더링 하이츠의 상속자인 언쇼 가문의 유일한 후예이지만, 그를 지킬 어떤 어른도 남아있지 않은 지금 히스클리프는 자신에게 큰 아픔을 주었던 이 집안의 손주를 학대하며 자신의 원한을 보상받고자 한다.

그의 깊은 원한이 불러온 소유욕은 언쇼 가문의 워더링 하이츠를 장악한 것에 그치지 않고 계속 비인간적인 처사를 과감히 확대해간다. 이제 린튼 가문의 스러시크로스 저택 차례이다.

이를 위해 그는 자신과 이사벨라 린튼 사이에 태어난 아들 린튼 히스클리프를 이용한다. 허약한 엄마가 세상을 떠난 후 삼촌인 에드가 린튼에게 비밀리 양육받고 있던 그를 결국 찾아내어 친권을 주장하며 워더링 하이츠로 오게 만든다. 거기에다 그의 비열하고도 치밀한 계획은 자신의 혈육인 아들을, 자신을 버린 캐서린의 딸 캐시 린튼과의 강제 결혼을 유도하는 도구로 사용하기까지 한다. 병약한 에드가 린튼이 죽고나서 캐시가 유일한 상속자가 되지만, 당시 법에 의하면 결혼의 여성의 재산은 모두 남편에게 귀속되던 세상이었기에 캐시가 상속받은 린튼 가문의 저택은 그의 아들 린튼 히스클리프가 소유권을 주장하게 된 것이다. 거기다 그의 아들은 워낙 건강이 좋지 않아 어린 부인을 남기고 일찍 세상을 떠난다. 이로써 또다른 리튼가의 저택도 결과적으로 히스클리프의 소유가 된다. 히스클리프가 그토록 혐오하고 증오하던 이들의 무대, 두 저택이 누구의 방해도 받지 않을 자신만의 소유가 된 것이다.

이 과정이 너무 비인간적이며 잔인하지만 원한에 사무친 그를 제어할 아무 장치도 없었다. 그는 점점 더 괴물이 되어가고, 양 가문의 저택인 즉 언쇼 가의 워더링 하이츠와 린튼 가의 스러시크로스 저택 모두 자신의 소유로 넣기에 이른 것이다. 리버풀에서 입양된 고아출신 그가 어른이 모두 사라진 명문가 저택을 호령하는 유일한 승자가 된다.

이제 남은 사람은 자신에게 귀속된 두 남녀, 힌들리 아들 헤어톤과 캐서린 딸이자 자신의 아들 미망인인 며느리 캐시뿐이다. 모두 자신이 명령만 하면 움직이는 이 둘을 거느리고 그는 두 저택의 주인으로 살아간다. 이 젊은 두 남녀는 워낙 배경이 다른 채 성장한 이들인데, 교육을 받지 못한 헤어튼은 엄마를 닮아 까칠한 캐시에게 계속 무시를 당하곤 한다. 히스클리프는 헤어튼이 무시당할 때마다 자신이 그 아버지에게 호되게 구박받던 과거가 떠올라 통쾌해하며 은근히 즐긴다.

가장 큰 원한을 제공했던 힌들리의 아들 헤어튼을 자신의 수중에 두고 학대하는 것으로 그의 복수는 계속된다. 하지만 이해할 수 없는 현상이 벌어진다. 그토록 미워하고 망가지기 바랬던 헤어튼이 오히려 히스클리프를 자신의 아버지처럼 여기게 되고 그를 따르는 것이었다. 거기다 이 두 남녀가 아주 잘지내는 모습을 본다. 결국 히스클리프는 복수의 허망함을 깨닫는다. 평생 모든 노력과 지략을 미워하는 사람을 처단하고, 두 가문을 파멸시키는 데 사용해온 그였다. 하지만 결국 두 가문의 마지막 후예인 두 헤어튼과 캐시가 서로를 이해하고 아끼고 사랑하면서 사는 모습을 보게 되면서, 그 안에 활화산처럼 여적 타오르던 모든 불길이 자동 진압되는 느낌을 갖는다. 그는 이제 모든 분노를 내려놓고 쓸쓸히 캐서린을 그리면서 쓸쓸히 죽어간다. 린튼가의 마지막 상속자이자 자신이 그토록 사랑했던 캐더린의 딸 캐시와 헤어튼이 맺어지는 것으로 이야기는 종결된다.

## III. 악을 악으로, 욕을 욕으로 갚지 말라

악을 악으로 욕을 욕으로 갚지 말고 도리어 복을 빌라 이를 위하여 너희가 부르심을 받았으니 이는 복을 이어받게 하려 하심이라 (벧전 3:9)

안타깝게도 히스클리프는 악을 악으로, 욕을 욕으로 철저히 갚았던 인물이다. 그 과정에 많은 사람이 희생되었고 고통당했고 그의 횡포에 의해 원하지 않는 인생을 살게 된 이들이 많다. 그리고 그의 복수의 마지막은 자신을 괴롭혔던 힌들리의 아들 헤어튼을 교육과 교양에서 분리하고 철저히 망가뜨리는 것이었으나, 헤어튼은 오히려 복수의 화신 히스클리프의 죽음 앞에 진정한 애도를 보이는 인격체로 남아있었다. 그리고 오히려 이를 연민으로 바라보는 캐시의 우호적 감정의 대상이 된다. 비극적인 과거가 되풀이 될 수 있는 구도였지만 2세대에 이르러서 그 이전까지 거칠게 치닫던 복수극은 재현되지 않았다. 히스클리프는 자신의 계획대로 진행되던 시나리오가 이들의 화해와 사랑 앞에 허무한 것임을 깨닫고 무력해진다. 그리고 자신의 애증의 대상이었던 연인 캐서린의 자취를 찾아헤매다 처연히 죽음을 맞이한다. 완벽한 복수를 꿈꿨지만 사실은 그 노력 자체가 더 큰 불행이었음을 이 작품은 보여주고 있다. 그는 악과 욕으로 무장하여 자신의 인생을 불태웠지만, 운명은 그에게 후세를 이어가는 이들에게 새로운 사랑의 복을 허락한 듯하다.

## III. 원한의 시동

히스클리프는 이런 식으로 처음부터 집안의 분란을 일으켰어요.
2년도 지나지 않아 마님이 세상을 떠나자 힌들리는 아버지를 자기편이라기보다는 억압자로 생각했고, 히스클리프를 아버지의 사랑과 자신의 권리를 가로챈 찬탈자로 여기게 되었답니다. 자기가 입은 피해에 골몰해 점점 원한만 깊어갔고요

내용도 인물관계도도 복잡한 이 장편의 복수드라마는 어디서 비롯된 것일까? 무엇이 이토록 많은 사람이 다치고 상하고 관계가 훼손되어야 했을까? 애초 원한의 빌미가 없었더라면 아니 존재했어도 빨리 알아보고 통제되었다면 이런 거대한 규모의 비극은 벌어지지 않았을 것이다. 원한은 종착역까지 이르도록 바라볼 것이 아니라 아예 시동 단계에서 만져야 한다. 필자는 역설적으로, 이 부분을 신앙심이 아주 좋으셨던 아버지의 모범 힌들리 언쇼에서 시작하고 싶다.

### ① 균형을 잃은 선행

아버지는 아주 경건한 분이셨던 것 같다. 하나님을 향한 종교적

신앙심만 좋은 것이 아니라 그것을 삶으로 실천할 줄 아는 실천중심의 참 크리스천이었던 것으로 보인다. 외지에 출장을 갔는데 길거리에서 아무 대책 없이 방치돼 있는 얼굴이 까만 집시 아이를 발견했고, 수소문했으나 아무도 그 아이를 아는 사람도 없는 노숙 고아임을 알게 되자. 차마 그 아이를 두고 오지 못하고 집으로 데려오면서 이야기가 펼쳐진다.

   히스클리프라는 이름 자체가, 이전에 먼저 세상을 떠난 아이 이름이었다고 하니, 그를 향한 아버지의 마음이 좀 남달랐을 것이다. 그래서 아버지는 이 아이를 데려온 날부터, 다른 남매와 더불어서 같이 지내고 같이 재우도록 유모에게 당부한다. 하지만 이과정은 순조롭지 못하고, 결국 성장하고 있던 남매에게 굉장히 큰 상처가 된다. 더군다나 남매가 이 부분을 반항하고 받아들이지 못할수록 아버지의 체벌이 심해진다. 아버지가 아주 호되게 야단을 친다.

   이 부분에서 짚어봐야 할 부분이 있다. 아버지는 선행의 이름으로 아이 하나를 들였지만, 사실 이것은 두고두고 작지 않은 문제를 발생한다. 이 소설에서 '원한'이라는 단어를 떠올리면, 우린 흔히 히스클리프의 원한만 연상하는데, 필자의 눈엔 졸지에 사랑받던 큰아들에서 구박받는 아들로 전락한 힌들리의 원한이 보인다. 히스클리피를 격동하게 만들었던 애초에 시동은, 힌들리의 포악함 이전에, 자녀로서의 사랑과 안정감을 확보받지 못했던 아들로서의 상실감과 박탈감이 아버지로부터 방치되었던 점이다.

아버지가 진정 선행을 제대로 하기 원하셨다면, 불쑥 외지에서 데리고 온 아이를 기존 환경에 들이고 무조건 수용하도록 명하기 이전에, 가족들의 의견을 들어봤으면 어 을까 싶다. 당시 가부장 문화로 그것이 어려웠다면, 최소한 여태껏 자녀로 살아온 이들에게 불공평하다는 마음이 들지 않도록 더욱 세심히 살피는 노력이 병행되었더라면 좋지 않았을까 싶다.

우리는 아버지로부터 공급되는 한정된 애정이 여러 형제가 균등하게 분배되기 어려울 때 발생하는 여러 비극들을 성서를 통해 익히 알고 있다. 요셉을 미워해서 국제적 인신매매까지 감행하게 만든 이는 다름아닌 같이 동거동락하는 동기 형제들이었다. 그들은 요셉이 아버지로부터 전폭적인 사랑과 배려를 받는 상황을 불편해 했다.

요셉은 노년에 얻은 아들이므로 이스라엘이 여러 아들들보다 그를 더 사랑하므로 그를 위하여 채색옷을 지었더니 그의 형들이 아버지가 형들보다 그를 더 사랑함을 보고 그를 미워하여 그에게 편안하게 말할 수 없었더라 요셉이 꿈을 꾸고 자기 형들에게 말하매 그들이 그를 더욱 미워하였더라 (창세기 37:3-5)

## ② 아들 힌들리의 원한

설령 그가 가장 어린 축에 드는 아우라할지라도 아버지의 사랑을 원천적으로 갈구하는 자녀들은 이성보다 감정이 앞서는 법이다. 더군다나 그 존재가 내게 돌아올 몫에 지장을 초래한다면 이 불편한 마음을 원한으로 변환된다. 아버지가 출장가서 사오기로 했던 힌들리의 바이올린은 아이를 챙겨오느라 찌그러져 조각나 있었고, 캐서린이 원했던 말 채찍은 정신없는 통에 아버지가 잃어버렸다고 한다. 밥도 못먹고 잠도 못자고 한밤중까지 눈망울 굴리며 아버지를 기다리던 어린 남매에게는 날벼락 같은 날이었을 것이다. 같은 침대에서 자도록 했지만 아이들은 모두 그를 기피하자, 이 새로 온 아이는 본능적으로 기어서 아버지 방에 밤새 찾아간다. 아버지가 방문을 열고 대노하면서, 불쌍한 아이에게 어떻게 이럴 수 있냐고 온집안이 야단맞는 일이 생긴다. 그 이후부터 아버지는 특별히 이 아이를 감싸고 돌게 된다. 절대 약자인데다 가족들이 환영해주지 않으니 아버지라도 역성을 들어야 되었을 것이다. 그런데 그런 구도에서 결국 힌들리는 자신이 뭘 해도 계속 이 아이 때문에 야단맞는 일이 발생한다. 그리고 이때부터 다른 탈출구가 없는 힌들리는 아버지가 없기만 하면 그를 폭행하는 것으로 자신의 화를 풀게 된다. 나중에는 아버지가 건강이 안 좋아져 예민해진 이후는 화내는 유일한 이유가 바로 히스클리프를 괴롭혔을 때였다고 한다. 이해는 가지만, 나름 쉽지 않을 시간을 보냈을 힌들리의 모습이 주목된다. 아버지에겐 물론 절대 약자인 히스클리프에게로 마음이 많이 기울었겠지만, 힌들리의 마음도 함께 균형 있게 맞겼어야 되는 게 아닌가라는 생각이 든다.

히스클리프는 이런 식으로 처음부터 집안의 분란을 일으켰어요. 2년도 지나지 않아 마님이 세상을 떠나자 힌들리는 아버지를 자기편이라기보다는 억압자로 생각했고, 히스클리프를 아버지의 사랑과 자신의 권리를 가로챈 찬탈자로 여기게 되었답니다. 자기가 입은 피해에 골몰해 점점 원한만 깊어갔고요.

### ③ 히스클리프의 이상 징후

 소설 속에 다른 이야기가 또 심겨져 있는 액자식 구성으로 되어 있는 본 소설에는 전체에 걸쳐 두 액자를 이어주는 화자가 있는데, 바로 워더링 하이츠의 하녀 넬리이다. 그녀는 이야기의 첫 진입부터 현재의 상황, 과거의 이야기까지 모두 두 집안의 형편을 아우르며 진솔하게 편하게 해설자의 역할을 도맡고 있다. 하녀의 신분이기에 히스클리프에 대해 가졌던 공감대와 연민, 그리고 돕는 역할로 있었음에도 불구하고 그녀가 그에 대해 회상하는 여러 진술은 이 거대한 비극의 진원이 무엇이었는지 가늠하게 해주는 부분이 있다.

---

돌이켜 보면, 은혜를 베풀어도 감사의 표현을 할 줄 모르는 그 무뚝뚝한 아이의 어떤 점을 주인 나리께서 높이 평가하셨는지 이상하다는 생각을 하곤 했지요. 히스클리프가 은인에게 불손했다는 말은 아닙니다. 그냥 무신경했다는 거죠. 그러면서도 자기가 주인 나리의 마음을 사로잡았다는 것을 잘 알고 있었고, 또 자기 말 한마디로 집안사람들을 좌지우지 할 수 있다는 것도 계산에 넣었고요.

 아버지의 편애가 불러온 그 형제 간의 비극들도 요소가 될 수 있지만, 근원적으로는 히스클리프라는 아이도 어릴 때부터 정상범위의 성정을 가진 아이가 아니었을 수도 있겠다는 생각이 든다. 상당히 냉혈한같은 모습이 그 안에서 발견된다. 지금 절대 약자라는 이유로 보호하지만 히스클리프가 살아남아야 되는 본능에 지쳐서 내면적으로 건강하지 못한 기질이 어릴 때부터 깃들고 있었다는 흔적이 보인다.

열병이 걸려 밤새 간호해준 넬리를 향해서도 감사인사를 청하면 인사를 하는 법이 없었다고 한다. 그러면 다시금 교양인이 되도록 잘 가르쳐주기 보다는, 이 아이는 원래 이런 것 잘 모른다면 감싸주기만 바빴다고 한다. 조금씩 이상징후가 보일 때, 그것이 훈련되고 교정되어야 하는데, 나중엔 어떤 것이 옳은 것인지도 분별안되어 오히려 이기적인 사람으로 자라는 계기가 된 것 같다고 보는 것이다. 히스클리프도 자신이 원하는 것을 늘 가질 수 없다는 것을 건강한 관계에서 양보하고 배우며 자신의 원한도 해소하는 방법을 익혀야 했다. 그러나 그저 억울한 마음과 뚝심으로 그 원한을 쌓고만 살아온 인생이기에 큰 쓴뿌리가 되어 나중에 폭발물같은 위력으로 그 내면을 차지해온 것이다.

약자라고 보호만 해줄 것이 아니라 시비가 뭔지 가족 간의 예절은 무엇인지 제대로 가르쳐야 했다. 힌들리와 있었던 일을 무조건 아버지에게 일러바치는 것보다는 그 사람과 함께 풀 수 있도록 하는 연습도 필요했던 것 같다. 문제 해결능력이 없는 그 나약한 그 모습은 사회성이 결여될 수밖에 없고, 급기야 나중엔 제어할 수 없는 괴물이 될 수도 있었다.

캐서린과의 이루지 못할 사랑에 대한 좌절, 힌들리로부터의 학대로 원한을 증폭해서 평생을 복수의 망령에 사로잡혀 살았던 그를 향해, 일전에 유모 넬리의 입을 빌어 했던 대사야말로 그가 마음에 담아두어야했을 내용이 아닌가 싶다. 양 집안을 향한 복수극, 복수가 휩쓸고 남긴 허망함으로 그 삶을 소진하기 전에 비뚤어져 있는 인생을 향해 하고 싶었던 이야기는 바로 다음과 같다.

## IV. 원한의 정거장

히스클리프가 3년 만에 완전히 다른 멀쩡한 모습이 되어 귀환할 수 있었다는 것은 이 사람 인생에 굉장히 많은 가능성이 있었다고 보여진다. 하지만 그 에너지를 악으로 욕으로 갚겠다고 작정한 순간 두 가문의 비극과 여러 어른들 그리고 후손에 이르기까지 너무 큰 폐해를 끼치고 결국 본인도 허망한 죽음을 자초하게 된 것이다. 캐서린과도 좋은 관계로 지내지 못하고 온갖 미움을 받으며 내가 얻지 못하는 것은 모두 부수어버린다는 극단적인 자기 파괴주의로 치닫게 된다. 원한이 내 안에 들어왔다면, 어떤 방식으로든 갖게 되었다면, 시동에 걸렸다면 그채로 종착역까지는 가지 않기를 권한다.

필자가 만약 이 이야기의 거센 흐름 가운데 히스클래프를 향해 개입할 수 있다면, 끝까지 가봐야 힘들 뿐이니 중간에 정거장에 들렀다 가면 어떨까를 묻고 만류하고 싶다. 극 중 유모 넬리가 나의 맘과 같이 히스클리프에게 했던 중요한 이야기를 소개한다. 린튼가와의 혼사 이야기가 진행되면서 린튼가의 도련님이 워더링 하이츠를 방문하기로 된 날었다. 캐서린은 아침부터 단장하고 집안 어른들도 예비 사위감을 맞이할 준비로 술렁이던 날이었다. 하지만 이날 아주 마음이 슬픈 한 사람이 있었다. 바로 캐서린을 사랑하는 히스클리프이다. 풀이 죽어있는 그를 바라보며 그의 마음을 너무 잘아는 넬리가 이렇게 이렇게 말해준다.

---

솔직히 말하면, 너 꽤 잘 생겼어. 변장한 왕자라고 해도 믿겠다. 누가 아니? 너희 아버지는 중국 황제고, 너희 어머니는 인도여왕이라, 한쪽의 주급만 갖고도 '폭풍의 언덕'과 '티티새 지나는 농원'을 둘 다 사버릴 수 있을지. 알고 보면 너는 몹쓸 뱃사람에게 유괴당해 영국까지 끌려왔던 거야. 만약 내가 너와 같은 처지라면, 내가 원래 고귀한 혈통이라고 생각하면서 살겠다. 내가 어떤 사람이었나를 생각하면, 용기와 위엄이 생기고 일개 농사꾼 따위의 탄압은 쉽게 견뎌낼테니까 (문학동네, 2011/ 김정아 역)

분노와 결핍과 거절감이 내면에 원한을 시동걸었다 해도 내가 갖고 있는 확실한 정체성은 우리가 나락으로 빠지지는 않도록 잡아준다. 넬리는 지혜롭게도, 거칠게 살아온 히스클리프를 향해서 변장한 왕자라는 표현을 해서, 그의 정체성을 다시 한번 높여주려 애쓴다. 믿음이 있는 우리들은 어떤 일을 당하든 왕되신 하나님의 자녀이다. 우리는 하나님의 왕 되신 하나님의 구원하심의 은혜를 받은 사람들이자 로열 패밀리이다. 일개 농사군의 탄압 따위에 마음 상하지 말고 로얄 패밀리의 정체성을 붙들 수 있다면 원한은 더 이상 더 깊은 뿌리를 내리진 못할 것이다. 지금 당하고 있는 모든 원한들 모두 하나님의 자녀된 정체성을 붙들 수만 있으면 아주 가벼운 감정으로 처리할 수 있을 것이다.

모든 사람과 더불어 화평함과 거룩함을 따르라 이것이 없이는 아무도 주를 보지 못하리라
너희는 하나님의 은혜에 이르지 못하는 자가 없도록 하고 또 쓴 뿌리가 나서 괴롭게 하여 많은 사람이 이로 말미암아 더럽게 되지 않게 하며
(히 12:14-15)

## V. 원한의 종착역

무덤을 찾아보았더니, 벌판에서 가까운 언덕배기 위로 비석 세 개가 이내 눈에 띄었다. 가운데 것은 회색이었고 히스에 반쯤 묻혀 있었다. 에드거 린튼의 것만 비석 밑의 잔디와 이끼 때문에 어울려 보였다. 히스클리프 것은 여전히 벌거벗고 있었다. 나는 포근한 하늘 아래 그 비석들 둘레를 어슬렁거렸다. 히스와 초롱꽃 사이를 날아다니는 나방들을 지켜보고, 풀을 스치는 부드러운 바람 소리를 들으며 생각했다. '저렇게 조용한 땅속에 잠든 사람들을 보고 어느 누가 편히 쉬지 못하리라고 상상할 수 있겠는가.'


소설 폭풍의 언덕은 작중 화자가 우연히 힌들러 가문의 건물인 워더링 하이츠(wuthering heights)에 묵게 되면서, 그곳 하녀 넬리를 통해 듣게된 가족사와 현재적 상황을 다룬 본 작품이다. 그리고 그야말로 폭풍이 한바탕 훑고 간듯한 복잡하고 가슴아픈 긴 이야기는 폭풍의 진원지였던 히스클리프의 죽음으로 진정되며, 위의 내용으로 종결부를 맞이한다. 그토록 상처받은 깊은 스올같은 내면을 보상받고자 있는 힘을 다해 몸부림쳤던 가엾은 영혼 히스클

리프의 마지막 모습이다. 묘소마저도 이 땅과 어울리지 못하고 보호받지 못한 듯한 묘사가 드러나 마음 깊은 애닮음이 느껴진다.

하지만 『폭풍의 언덕』의 마지막 장면은 희망적이다. 헤어튼과 캐시가 결혼하여 새로운 가정을 이룬다. 과거의 상처와 원한으로 얼룩진 '폭풍의 언덕'에 다시 평화가 찾아온다. 이는 하나님의 은혜가 인간의 죄와 상처보다 더 크다는 것을 보여준다.

에밀리 브론테는 이 작품을 통해 중요한 메시지를 전한다. 원한과 복수는 결국 자신을 파멸시킨다는 것, 그리고 사랑과 용서만이 진정한 치유와 회복을 가져온다는 것이다. 히스클리프의 비극적 최후는 우리에게 경고한다. 원한의 길은 결국 파멸의 길이라는 것을.

굽어진 나무들이 서있는 폭풍의 언덕에서 시작된 이야기는, 결국 사랑이 승리하는 것으로 끝난다. 거센 북풍 같은 시련과 상처 속에서도 굽어지지 않고 바로 설 수 있는 것은 사랑의 힘이다. 이것이 에밀리 브론테가 자신의 짧은 인생의 정수를 쏟아낸 이 작품 안에서 전하고 싶었던 것이자, 신앙인으로 살며 익숙히 스며있던 그녀 내면의 믿음이기도 할 것이다.

"사랑은 모든 것을 참으며 모든 것을 믿으며 모든 것을 바라며 모든 것을 견디느니라 사랑은 언제까지나 떨어지지 아니하되"(고전 13:7-8). 원한의 종착역에서 우리가 발견하는 것은 복수의 허망함이 아니라 오히려 사랑의 영원함이다. 이것이 『폭풍의 언덕』이 오늘날까지도 우리에게 깊은 감동을 주는 이유일 것이다.

# 07
# 민낯 인간 심층 연구

# 07
# 민낯 인간 심층 연구

조너선 스위프트 『걸리버 여행기』(Gulliver's Travel, 1726)

## I. 시대를 모순을 꿰뚫은 예리한 시선

아일랜드 더블린에서 태어난 조너선 스위프트(Jonathan Swift, 1667-1745)는 단순한 소설가가 아니었다. 그는 성공회 성직자였으며, 동시에 예리한 정치 비평가이자 시대의 양심이었다. 영국계 아일랜드인으로서 그는 자신의 조국이 영국의 압제 아래 신음하는 모습을 직접 목격하며 성장했다. 이러한 복합적 정체성은 그로 하여금 권력과 종교, 정치와 신앙 사이의 모순을 날카롭게 포착할 수 있게 했다.

1688년 젊은 시절 정치계 진출을 꿈꾸며 윌리엄 템플의 비서가 되었다. 이 시기는 영국 정당정치의 기원이 되는 토리당과 휘그당의 양당제도가 확립되던 때였다. 1679년 찰스 2세 시절 왕위계승 문제를 둘러싸고 가톨릭교도 요크공작(후 제임스 2세)의 즉위를 인정하는 사람들을 '토리'(아일랜드어 toraidhe, 도적)라 불렀고,

그 반대자들을 '휘그'(Whig, 모반자)라 불렀다. 이러한 당명의 유래 자체가 상대방을 비하하는 말에서 나왔다는 것은 당시 정치 현실의 단면을 보여준다.

윌리엄 템플의 갑작스러운 죽음으로 정계 진출을 포기한 그는 자신의 강력한 무기, 즉 펜의 힘으로 활약하기 시작한다. 그는 현 정치 상황을 진단하고 비판하는 신랄한 글을 써서 토리당을 대표하는 정치 평론가로 활동했다. 그의 글은 단순한 정치적 논평을 넘어서 인간 본성과 사회 구조의 근본적 모순을 파헤치는 예언자적 성격을 띠었다.

나는 이 책의 의도가 세상 사람들을 화나게 하려는 것이라고 생각한다

그러나 정치적 견제가 시작되고 휘그당의 세력이 커지자, 그는 다시 아일랜드로 낙향하여 성 패트릭 성당의 사제로 부임했다. 성직자 생활 중에도 펜의 투쟁은 계속되어, 『아일랜드의 제조업 이용에 관한 제안』, 『겸손한 제안』 등의 작품을 통해 영국의 식민지배 부당함을 고발했다. 그의 묘비명에는 "자랑스러운 애국자였던 아일랜드인"으로 기록되어 있을 정도로 그는 진정한 아일랜드 애국자였다.

1721년부터 1726년까지 5년에 걸쳐 완성된 『걸리버 여행기』는 그의 인생 경험과 신앙적 통찰이 집약된 작품이다. 원제는 『몇 개

의 먼 나라들에의 여행기(Travels into Several Remote Nations of the World)』로, 4편으로 구성되어 있으며 외과의사에서 선장이 된 레뮤얼 걸리버의 여행담이라는 형식을 빌었다. 성직자로서 스위프트가 품었던 근본적 질문은 이것이었을 것이다. '하나님의 형상으로 지음받은 인간이 왜 이토록 추악한 모습을 보이는가?' 이 질문은 칼뱅주의 신학의 전적 타락(Total Depravity) 교리와 맞닿아 있으며, 동시에 계몽주의 시대의 이성 만능주의에 대한 신학적 반박이기도 했다.

이 질문은 오늘날 우리에게도 여전히 유효하다. 교회 안팎에서 벌어지는 갈등과 분쟁, 권력욕과 탐욕을 보며 우리도 같은 의문을 품게 된다. 하지만 스위프트의 위대함은 단순한 비관주의나 염세주의에 머물지 않았다는 점이다. 그는 풍자라는 장르를 통해 인간의 죄성을 적나라하게 드러내면서도, 동시에 회개와 변화의 가능성을 제시했다. 이것이야말로 구약의 예언자들이 보여준 참된 예언자적 사명의 현대적 계승이었다.

## II. 릴리퍼트 - 작은 세계의 큰 교만

걸리버의 첫 번째 여행지인 릴리퍼트(Lilliput, 소인국)는 우리 인간 사회의 정교한 축소판이다. 키가 15cm밖에 되지 않는 작은 사람들이 사는 이 나라에서 걸리버는 거대한 존재가 되었지만, 정작 그들의 행동을 관찰하며 인간 본성의 우스꽝스러움과 동시에 그 근본적 문제점을 발견하게 된다.

항해 중 폭풍을 만나 표류한 후 의식을 잃고 쓰러진 걸리버가 눈을 뜨니, 손발은 물론 머리카락 하나하나까지 모두 결박되어 땅에 박혀 있었다. 두려움이 몰려왔지만, 이들은 예의바른 민족이었다. 초기의 경계심과 두려움을 극복하고 정성껏 걸리버를 모시며 먹을 것도 주고 살 곳도 마련해주었다. 이는 타자에 대한 인간의 이중적 태도-두려움과 호기심, 배척과 수용-를 상징적으로 보여준다.

더욱 흥미로운 것은 걸리버가 언어적 능력이 뛰어난 인물로 설정되어 있다는 점이다. 완전히 다른 세계임에도 불구하고 그는 그 언어를 배워 그 세계에 깊숙이 들어가고, 최고 지도자와 토론하며 영국의 실상을 함께 논의한다. 이는 문화 간 소통의 가능성과 동시에 그 한계를 탐구하는 계몽주의적 실험이기도 하다.

릴리퍼트에는 두 개의 정당이 있었다. 트라메크산(Tramecksan, 높은 굽 정당)과 슬라메크산(Slamecksan, 낮은 굽 정당). 이들은 신발 굽의 높이를 두고 치열하게 대립했다.

더욱 기가 막힌 것은 달걀을 어느 쪽에서 깨느냐를 두고 벌이는 大엔디언(Big-Endian)과 小엔디언(Little-Endian)의 분쟁이었다.

---

우리 역사책에 따르면 고대로부터 달걀을 먹을 때는 큰 끝을 깨뜨리는 것이 관례였다. 그런데 현 황제의 조부가 어린 시절 달걀을 먹다가 일반적인 방법에 따라 큰 끝을 깨뜨렸더니 손가락 하나를 다쳤다. 그러자 황제인 그의 아버지가 칙령을 내려 모든 신민들은 달걀을 먹을 때 작은 끝을 깨뜨리도록 명했다.

이러한 사소한 차이로 인해 한쪽이 다른 쪽을 추방하기까지 했고, 추방당한 이들은 이웃나라 블레퓌스크(Blefuscu)로 망명을 갔다. 이는 당시 영국의 정치 구도인 토리당과 휘그당의 비본질적 정쟁을 풍자한 것이다. 더 깊이 들여다보면, 이는 가톨릭과 개신교 간의 종교 갈등에 대한 날카로운 비판이기도 하다. 같은 하나님을 믿는 교도들이 본질이 아닌 형식과 전통을 둘러싸고 분열하고 서로를 정죄하는 현실을 개탄한 것이다. 스위프트는 종교개혁 이후 지속된 종교적 분열이 얼마나 무의미하고 파괴적인지를 보여주고자 했다.

---

이 분쟁으로 인해 여섯 번의 반란이 일어났고, 한 황제는 목숨을 잃었으며 또 다른 황제는 왕위를 빼앗겼다. 이 내란들은 항상 블레퓌스크 황제들의 부추김을 받았다.

릴리퍼트와 블레퓌스크 사이의 긴장된 외교 관계는 당시 영국과 프랑스 사이의 정치적 대립을 풍자한 것이다. 걸리버가 블레퓌스크의 전함들을 어깨에 끈으로 묶어 가져와 왕에게 바치는 장면은 개인의 능력이 국가 간 권력 균형을 좌우할 수 있다는 당시의 정치적 현실을 과장되게 표현한 것이기도 하다. 하지만 걸리버도 결국 이 나라에서 쫓겨나게 된다. 왕궁에 큰 불이 났을 때 걸리버가 불을 끄는 방법이 왕비에게 불쾌감을 주었고, 정치권의 실세들이 이를 빌미로 그를 모함했다. 왕궁 안에서 볼일을 본 사람은 사형에 처한다는 법률을 적용하여 걸리버를 제거하려 했던 것이다. 이는 권력의 이중성과 정치적 음모의 일반성을 보여주는 대목이다.

걸리버의 첫 번째 여행지인 릴리퍼트(소인국)는 우리 인간 사회의 축소판이다. 손바닥만 한 작은 사람들이 사는 이 나라에서 걸리버는 거대한 존재가 되었지만, 정작 그들의 행동을 관찰하며 인간 본성의 우스꽝스러움을 발견하게 된다.

## III. 브롭딩낵 - 거대함 앞에서 깨닫는 연약함

두 번째 여행지인 브롭딩낵(Brobdingnag, 거인국)에서 걸리버의 처지는 완전히 역전된다. 이번에는 그가 손바닥만한 존재가 되어 거인들에게 둘러싸인다. 이러한 극적 전환은 인간 조건의 상대성과 취약성을 극명하게 드러내는 문학적 장치다.

풍랑을 만나 표류한 후 정신을 차리니 큰 그림자가 자신을 덮고 있었다. 내가 본 것은 거대한 인간이었는데, 그의 키는 보통 교회 첨탑만큼 높았다.

릴리퍼트에서 거인 노릇을 하며 자신감에 차 있던 걸리버가 일순간에 쪼그라든 미물이 되어 생존의 위협을 느끼며 힘들어하는 모습은 여러 가지를 느끼게 해준다. 심지어 말벌의 공격에도 죽음의 위협을 느끼는 그의 모습은 절대적 존재가 아닌 상대적이고 조건부적인 인간 존재의 본질을 드러낸다.

그를 발견한 농부가 걸리버를 집에 데려와 처음에는 호기심의 대상으로 여겼다. 하지만 곧 경제적 이익을 깨달은 농부는 걸리버를 사람들이 많은 장터에 끌고 나가 쇼를 하며 입장료를 받기 시작했다. 이는 자본주의 사회에서 모든 것이 상품화되는 현실, 인간조차 경제적 가치로 환산되는 비인간화 과정을 예리하게 포착한 것이다.

---

농부는 나를 시장 날마다 구경거리로 내세웠다. 나는 하루에 열두 번씩 군중들 앞에서 재주를 부려야 했다. 그들은 입장료로 동전을 내고 들어와서 나를 구경했다.

농사를 짓지 않고도 돈을 벌 수 있게 되자, 걸리버의 공연 스케줄은 점점 더 과중해졌다. 쉬지도 못하고 몸이 아픈데도 주인이 욕심을 부려 시간을 다 맞춰야 했다. 이는 현대 자본주의 사회의 노동자 착취 구조를 18세기에 이미 예견한 것으로 볼 수 있다. 걸리버가 사람들 앞에서 껑충 뛰며 재주를 부리는 것도 수치스러운데, 건강도 돌보지 못한 채 강제노역에 가까운 공연을 강요받는 상황으로 전락하게 된다. 결국 상품 가치가 떨어졌다고 판단한 농부는 시들해진 걸리버를 왕궁에 팔아버린다.

왕궁에서는 왕비가 사랑을 많이 베풀어 주었다. 원기를 회복한 걸리버는 국왕과 소통하며 영국을 소개하는 시간을 갖는다. 이 대화 장면은 『걸리버 여행기』의 백미 중 하나로, 문명에 대한 상대주의적 관점과 서구 중심주의에 대한 비판을 담고 있다.

나는 우리나라의 정부, 법률, 관습, 종교, 학문에 대해 자세히 설명했다. 하지만 왕은 내 설명을 들으면서 자주 고개를 저었고, 때로는 혐오감을 드러내기도 했다.

영국의 계급제도, 관료제, 사법 시스템, 정치 구조에 대한 걸리버의 자랑스러운 설명을 들은 국왕은 영 미개하다는 식으로 반응한다. 특히 영국의 정쟁과 부패, 전쟁과 착취에 대한 이야기를 들은 후 국왕이 내린 결론은 충격적이다.

너희 나라 사람들은 자연이 이 세상을 기어다니게 허락해준 벌레들 중에서 가장 악독한 해충들이다.

이는 단순한 모욕이 아니라 외부자의 시선에서 바라본 서구 문명에 대한 냉철한 진단이다. 스위프트는 이를 통해 당시 영국 사회가 자랑하던 문명의 이기와 제도들이 실제로는 얼마나 야만적이고 부도덕한 것인지를 드러내고자 했다. 조그만 존재가 되어 항변하기도 힘든 상황에서 이런 모욕적인 언사까지 듣는 등, 걸리버는 소인국에서와는 정반대의 경험을 한다. 소인국에서는 우쭐대며 구해주고 위세를 하는 위치였다면, 이곳에 와서는 완전히 하급 노동자처럼 전락하고 모욕적인 언사에도 제대로 대응할 수 없게 되면서 인간과 정치에 대한 혐오를 느끼게 된다.

브롭딩낵 편은 크기의 상대성을 통해 인간 존재의 조건성과 유한성을 탐구한다. 동시에 문명에 대한 상대주의적 관점을 제시하며, 서구 중심주의적 사고의 한계를 드러낸다. 더 나아가 권력 관계의 역전을 통해 강자와 약자의 지위가 얼마나 상황적이고 임의적인 것인지를 보여준다.

## IV. 라퓨타 - 이성의 교만과 공허한 학문의 허상

걸리버의 세 번째 여행지인 라퓨타(Laputa)는 공중에 떠 있는 섬이다. 미야자키 하야오 감독이 스튜디오 지브리에서 내놓은 첫 번째 작품 《천공의 성 라퓨타》(天空の城ラピュタ, 1986)는 바로 걸리버 여행기의 라퓨타 섬에서 컨셉을 가져왔다. 스위프트는 이 환상적인 설정을 통해 계몽주의 시대의 이성 만능주의와 과학 기술에 대한 맹신을 신랄하게 비판한다.

어느 섬에 도착해 있는데 머리 위로 까만 그림자가 느껴졌다. 위를 보니 구름이 아닌 정형화된 커다란 물체가 자신을 향해 오고 있었다. 그 실체는 바로 떠 있는 섬이었다.

18세기 초반이라는 시대적 배경을 고려할 때, 스위프트의 공중 부양 섬이라는 발상은 놀라울 정도로 과학적이고 미래지향적이다. 그는 이를 과학적으로 설명했다.

이 섬의 아래쪽은 매끄러운 다이아몬드 판으로 되어 있고, 그 두께는 약 200야드 정도이다. 그 위에는 여러 가지 광물들이 층을 이루고 있는데, 가장 위층은 자석으로 이루어져 있다.

    섬 아래 부분이 자석으로 되어 있어서 지상과의 자기 반발력을 이용해 공중부양을 한다는 것이다. 높이를 조절하려면 자기의 힘과 양을 조절하면 된다는 과학적인 설정을 포함하고 있다. 이는 현대의 자기부상열차(maglev) 원리와 상통하는 것인데, 이곳 사람들은 수학과 음악에만 몰두하며 추상적 사고에 빠져 살아가는 독특한 모습으로 그려진다.

---

이 나라 사람들은 수학과 음악에 깊이 빠져 있었다. 하지만 실생활에서는 극도로 서투르고 무능했다. 그들은 항상 깊은 사색에 빠져 있어서 때로는 부채로 입이나 귀를 두드려 깨워야 말을 들었다.

    그러나 현실과 동떨어진 연구에만 매달리며, 정작 실용적인 문제들은 해결하지 못하는 부분은 웃음을 자아낸다. 이는 당시 왕립학회를 비롯한 학술기관들의 현실과 동떨어진 연구 경향을 풍자한 것이다. 하늘에 떠있는 이 섬 나라는 아래 위치한 나라를 통치하는 통치 본부 같은 역할을 한다. 정치적 통제의 메커니즘이 매우 독특하다.

    만약 아래 나라가 반역을 일으키거나 세금 납부를 거부하면, 왕은 그 지역 위에 섬을 정박시켜 햇빛과 비를 차단한다. 그러면 그 지역 사람들은 태양의 혜택을 받지 못하게 된다.

더 저항이 세면 높이를 점점 내려 완전히 밟아버릴 수도 있다는 위협을 가한다. 이는 권력이 어떻게 기술과 결합하여 절대적 통제력을 행사하는지를 보여주는 탁월한 정치적 은유이자 기발한 발상이다. 위치 자체도 위에 있는 나라와 아래에 있는 나라는 동격으로 움직이지 않고 지배관계가 전제되어 있다. 현대의 감시 사회나 기술 독재의 원형을 이미 18세기에 예견한 것이다.

라가도(Lagado) 대학에서는 다음과 같이 전혀 인류에 도움되지 않는 기이한 실험들이 행해지고 있었다.

---

나는 그곳에서 수많은 연구자들이 다양한 실험에 몰두하고 있는 것을 보았다. 한 방에서는 오이에서 햇빛을 추출하여 유리병에 밀봉해두는 실험을 하고 있었고, 다른 방에서는 인간의 배설물을 다시 음식으로 환원시키는 연구를 진행하고 있었다.

---

또 다른 연구자는 촉각과 후각만으로 색깔을 구분하는 실험을 하고 있었고, 어떤 이는 누에 대신 거미로부터 실을 뽑아내려고 애쓰고 있었다. 가장 인상적이었던 것은 기계장치를 이용하여 무작위로 단어들을 조합해서 책을 쓰는 기계였다.

---

한 의사는 사람의 대변 색깔을 분석하여 그 사람의 성격과 운명을 점치는 연구에 몰두하고 있었다. 그는 이것이 정치학과 의학을 혁신시킬 것이라고 확신하고 있었다.

이분들이 수년간 연구비를 받으면서 너무나 심각하게 몰두하고 있었지만, 정작 그 효용성에 대해서는 의문이 들 수밖에 없었다. 이는 당시 18세기 들어가면서 과학과 수학이 발달한 영국에서 실제로는 불필요한 연구들에 매달리고 있는 석학들을 풍자한 것이다. 특히 주목할 만한 것은 정치 연구기관의 기발한 제안이다.

---

발니바르비 왕국의 정치 연구기관은 특이한 아이디어를 냈다. 각 정당에서 100명의 지도자를 뽑은 뒤 2명의 훌륭한 의사로 하여금 이들의 머리를 반으로 잘라 각기 반대편 정당 지도자의 머리에 붙이자는 제안을 했다. 하나의 두개골 속에서 논쟁을 하면서 서로 잘 이해하고 조화와 중용을 찾게 되지 않겠느냐는 취지에서다.

이는 당시 조지 1세를 비롯한 지배층의 무능함을 풍자한 것이다. 조지 1세는 독일 하노버 출신으로 영어조차 제대로 하지 못했지만, 음악과 과학의 후원자로 행세했으나 실제로는 양쪽 분야 모두에 무지했다. "이 왕은 전임 왕들보다 이방인을 더욱 후하게 대접하는 것으로 유명하다"며 조지 1세에 대 풍자하기도 한다. 영국 왕정은 가톨릭이 아닌 개신교도 왕족후손을 찾다보니 비영어권 이웃 왕국 하노버의 군주를 세우게 되었다. 제2외국어인 프랑스어로 소통하며, 정치는 전부 의회에 위임하게 되어 이때부터 의원내각제가 본격적으로 시작되었다. 음악과 과학의 후원자였지만, 사실은 양 분야에 대해 무지했던 것으로 알려졌다.

라퓨타에서 걸리버는 마술사의 섬도 방문한다.

> 이 섬에서는 지난 세기에 살았던 유명한 인물들을 소환할 수 있었다. 나는 알렉산더 대왕, 한니발, 시저, 폼페이우스 등을 만날 수 있었다.

스위프트는 이를 통해 고전 시대와 현재를 대조하면서, 과거의 고귀함과 현재의 타락한 모습을 비교하고자 했다. 하지만 이것이 과연 우리와 무관한 이야기일까. 오늘날에도 우리는 현실과 동떨어진 이론에만 매달리거나, 실용성 없는 지식 축적에만 몰두하는 경우가 많다. 라퓨타의 사람들처럼 우리도 때로는 현실을 외면하고 추상적 세계에만 머물고 싶어 하는 것은 아닌지 모르겠다.

## IV. 휘넘과 야후- 이성과 야만 사이 인간 본성의 이중성

네 번째이자 마지막 여행지에서 걸리버는 가장 충격적이고 근본적인 경험을 한다. 이 여행 단락은 정서적 혐오감을 일으킬 수 있어서 완역판 아니고서는 빠져있는 저서가 많다. 하지만 인간을 이해하는 데는, 더없이 중요한 부분이다. 걸리버는 선장이 되어 항해를 떠났지만 배에서 반란이 일어나 무인도에 버려지는 상황에 처한다. 그 섬에서 걸리버가 만난 것은 놀랍게도 너무도 이성적인 말 휘넘(Houyhnhnms)과 몹시도 야만적인 인간 야후(Yahoos)였다.

마침내 나는 들판에서 동물 몇 마리를 보게 되었다. 모두 같은 종인데 한두 마리는 나무 위에 앉아 있었다. 모습이 하도 이상하고 기형적이어서 다소 혐오감이 들었기에, 그들을 좀더 자세히 관찰하기 위하여 잡목 숲 뒤에 몸을 숨겼다.

몇 마리가 마침 내가 있는 쪽으로 다가왔기 때문에 나는 그들의 모습을 분명히 볼 기회를 얻었다. 머리와 가슴은 곱슬거리는 부드러운 털로 빽빽이 뒤덮여 있었다. 염소 같은 수염이 나 있었으며 등줄기와 앞뒤 다리들에도 털이 나 있었다.

그러나 몸의 나머지 부분에는 털이 나지 않아서 나는 그들의 황갈색 피부를 볼 수 있었다. 그들에게는 꼬리가 없었으며 항문을 제외한 엉덩이에도 털이 나 있지 않았다. 그들은 눕기도 했지만 대개 앉는 자세를 취했고 뒷발을 딛고 일어서기도 했다.

휘넘들은 고귀하고 이성적이며 도덕적인 존재였다. 말의 울음소리를 의성어처럼 흉내내서 만든 스위프트의 창작 단어인 '휘넘'은 이성을 지니면서 야후를 다스리는 말족이었다.

이 말들은 놀라운 지능을 가지고 있었다. 그들은 복잡한 철학적 문제들을 토론하고, 시를 지으며, 서로를 진심으로 사랑했다. 무엇보다 그들에게는 거짓말이라는 개념 자체가 존재하지 않았다.

반면 야후들은 탐욕스럽고 폭력적이며 추악한 모습을 보이는 덜 진화된 인간 형태였다.

내가 발견할 수 있었던 사실들로 비추어 볼 때, 야후들은 모든 동물들 중에서 가장 교육이 불가능한 동물로 보였다. 그들의 능력은 단순히 짐을 끌거나 운반하는 일 이상은 감당하지 못했다.

그러나 이런 결점은 심술궂고 고집 센 기질로부터 생겨났다는게 내 생각이었다. 그들은 교활하고, 악의 넘치고, 배반 잘하고, 복수심이 넘쳤다. 또 힘이 세고 튼튼했지만 겁쟁이 기질이 있었으며, 따라서 게으르고, 비열하고, 잔인했다.

걸리버는 처음에 자신이 야후와 같은 종족이라는 사실을 거부했다. 하지만 점점 자신도 야후와 다를 바 없다는 현실을 받아들이게 된다.

나는 휘넘들이 나를 바라보는 시선에서 의심을 읽을 수 있었다. 그들은 내가 야후의 일종이라고 생각하고 있었다. 다만 좀 더 이성적이고 말을 할 수 있을 뿐이라고 여기고 있었던 것이다.

탐욕, 자만, 범죄, 악이라는 단어 자체가 없는 휘넘의 세계에서 걸리버는 이성과 도덕에 대한 예찬과 더불어 인간혐오가 최고조에 달한다.

휘넘들의 언어에는 '거짓말'이라는 단어가 없었다. 그들이 거짓을 표현할 때는 '있지 않은 것을 말한다'라고 우회적으로 표현했다. 왜냐하면 거짓말이라는 개념 자체가 그들에게는 존재하지 않았기 때문이다.

걸리버는 휘넘과 야후 사이에서 자신의 이성이 어디에 더 가까운가 고뇌한다. 인간이성에 절망하며 자신만은 본성을 이겨내는 휘넘이 되고자 하지만 결국 축출당한다.

어느 날 내 주인이 슬픈 표정으로 내게 말했다. 대표회의에서 결정이 내려졌다. 당신은 이곳을 떠나야 한다. 당신이 야후보다 이성적이라는 것은 인정하지만, 결국 당신도 야후의 일종이다.

주민 총회가 열려 걸리버의 처분에 대한 논의가 이루어진다. 아무리 야후가 아니라고 주장하고 말소리를 흉내내며 고상한 척해도, 생물학적으로 야후와 너무나 닮은 걸리버는 결국 그곳을 떠나게 된다.

나는 휘넘들에게서 배운 미덕들을 잃지 않기 위해 최선을 다했다. 하지만 내가 야후와 같은 종족이라는 사실을 부인할 수는 없었다.

집에 돌아온 걸리버는 완전히 변해 있었다. 오랫동안 나갔다 온 그를 아내와 아이들이 반기며 달려들지만, 그는 뒤로 도망간다. 냄새가 너무 싫은 것이다. 휘넘과의 생활이 익숙해지고 거짓말이 뭔지도 모르는 고상한 미덕을 갖춘 생물체에 익숙해진 걸리버는 인간을 야후와 동일시하며 멀리하는 부작용을 겪는다. 이 마지막 여행은 스위프트의 인간 이해가 가장 극명하게 드러나는 부분이다. 휘넘은 플라톤의 이데아나 기독교의 천사와 같은 완전한 이성적 존재를 상징하며, 야후는 타락한 인간의 본성을 적나라하게 보여준다. 그 사이에서 고뇌하는 걸리버는 바로 우리 자신의 모습이다.

## VI. 민낯 인간의 실상

스위프트의 풍자가 가진 독특한 힘은 풍자 대상에 대한 깊은 공감에서 나온다고 본다. 어쩌면 걸리버가 야후에 대해 보이는 역겨움과 반발의 강도는 자신과 야후가 닮은꼴이라는 인식의 깊이에 비례하는지도 모른다. 우리는 『걸리버 여행기』를 통해 인간이라는 존재가 무엇인지, 화장하지 않고 가공하지 않은 민낯 그대로의 인간 본성을 가진 존재가 어떤 모습인지를 보게 된다. 스위프트가 야후를 통해 보여주는 인간 본성의 특징들을 살펴보면 크게 두 가지로 요약할 수 있다.

첫째, 끝없는 탐욕의 존재로서의 인간이다.

"야후들 사이에서 가장 큰 갈등의 원인은 반짝이는 돌멩이 때문이었다. 그들은 이 돌을 찾기 위해 날마다 땅을 파헤쳤고, 누군가 큰 돌을 발견하면 다른 야후들이 몰려들어 빼앗으려 했다."

"어떤 야후가 필요한 것보다 많은 음식을 모아두면, 다른 야후들이 와서 모든 것을 빼앗아 갔다. 따라서 그들은 항상 음식을 숨기려 하고, 서로를 감시하며 의심했다."

인간은 진짜 욕심쟁이다. 끝이 없다. 우리 본성 자체가 그렇다. 야후에 대한 묘사를 보면, 교육되지 않고 방치된 인간의 본성이 어떤 것인지를 적나라하게 보여준다.

둘째, 자기 합리화, 편견, 교만, 절대주의를 표방하는 인간이다.

---

야후들은 자신들만의 우두머리를 세우고 그를 따랐다. 하지만 이 우두머리가 조금이라도 약해지면 즉시 다른 야후가 그를 공격해서 자리를 빼앗으려 했다.

---

그들은 자신들의 행동을 정당화하는 데 매우 능숙했다. 다른 야후를 공격하고 빼앗는 것도 자신들만의 논리로 합리화했다.

인간 스스로는 주체할 수 없을 정도의 욕심을 갖고 있으면서도 본인은 스스로 고상하며 초연한 척하며 지낸다. 그리고 자신의 본질을 객관화하지 못한 채 스스로 자만심에 가득차 있는 경우가 많다. 나와 조금만 다른 사람을 보면, 그쪽이 틀렸다고 쉽게 판단해 버릴 수 있는 우리 본성이 존재한다. 하지만 실제로 중요한 것은 우리 비천한 인간은 어떤 면에서도 잘난 척할 수가 없다는 것이다. 이러한 스위프트의 인간 이해는 성서의 가르침과 놀랍도록 일치한다. 예수님은 바리새인들이 제자들의 손 씻지 않은 것을 비난했을 때, 다음과 같이 말씀하셨다.

예수께서 이르시되 너희도 아직까지 깨달음이 없느냐 입으로 들어가는 모든 것은 배로 들어가서 뒤로 내버려지는 줄 알지 못하느냐 입에서 나오는 것들은 마음에서 나오나니 이것이야말로 사람을 더럽게 하느니라(마 15:16-18).

마음에서 나오는 것은 악한 생각과 살인과 간음과 음란과 도둑질과 거짓 증언과 비방이니 이런 것들이 사람을 더럽게 하는 것이요 씻지 않은 손으로 먹는 것은 사람을 더럽게 하지 못하느니라(마 15:19-20).

마가복음의 설명은 더욱 구체적이다.

또 이르시되 사람에게서 나오는 그것이 사람을 더럽게 하느니라 속에서 곧 사람의 마음에서 나오는 것은 악한 생각 곧 음란과 도둑질과 살인과 간음과 탐욕과 악독과 속임과 음탕과 질투와 비방과 교만과 우매함이니 이 모든 악한 것이 다 속에서 나와서 사람을 더럽게 하느니라(막 7:20-23)

이미 우리 안에 매우 비루한 것들이 담겨 있다는 것이다. 담긴 지가 오래되어 쉽사리 분리되지도 않는다. 밖에서 묻는 바이러스라면 우리 몸을 통과해서 언젠간 나가겠지만, 우리 속에 이미 가득 담겨 있는 이러한 악한 것들은 우리와 함께 동행하며 불쑥 튀어나올 수 있다. 내 입에서 왜 그런 험한 말이 나왔을까? 싶다면 바로 이것이 우리 안에 있기 때문이다. 우리가 우리 안에 있는 분노, 나쁜 말, 집착, 비난 등이 가득하지만 다스리며 살 수 있는 것은 그나마 우리 안에 심어주신 이성, 양심, 또 신앙이 있기 때문이다.

그런데 그것이 다스려지지 않는 천연의 우리 본성은 이런 키워드 하나하나가 그대로 안에서 부유하면서 우리 인생 가운데 돌출할 시기를 고르며 위성처럼 우리 안을 맴돌고 있는지도 모른다. 잠언은 이렇게 경고한다.

교만은 패망의 선봉이요 거만한 마음은 넘어짐의 앞잡이니라(잠 16:18)

## VII. 요나의 문제 - 민족 우월주의와 자기 중심주의

스위프트가 『걸리버 여행기』를 통해 비판한 핵심은 민족 우월주의(ethnocentrism)와 자기 중심주의(egocentrism)였다. 이는 구약의 선지자 요나가 가졌던 문제와 정확히 일치한다. 이러한 인간의 근본적 문제는 시대를 초월하여 여전히 우리를 괴롭히고 있다.

요나는 하나님의 명령을 받고 니느웨로 가서 회개를 촉구해야 했지만, 처음에는 그 사명을 거부했다. 왜 그랬을까. 이방민족인 앗수르 사람들이 회개하여 구원받는 것을 원하지 않았기 때문이다. 그의 마음속에는 선민의식과 민족적 우월감이 자리 잡고 있었다.

요나가 매우 싫어하고 성내며 여호와께 기도하여 이르되 여호와여 내가 고국에 있을 때에 이런 일을 말씀하지 아니하였나이까 그러므로 내가 빨리 다시스로 도망하였사오니 주께서는 은혜로우시며 자비로우시며 노하기를 더디 하시며 인애가 크시사 뜻을 돌이켜 재앙을 내리지 아니하시는 하나님이신 줄을 내가 알았음이니이다(요나 4:1-2).

요나의 이 고백은 역설적이다. 그는 하나님의 자비로우심을 알고 있었지만, 그 자비가 이방인들에게까지 미치는 것은 원하지 않았다. 그가 니느웨 백성들에게 부르심 받은 것을 굳이 피하여 반대편 배를 타고자 했던 마음 저변에도 그런 생각이 이미 도사리고 있었던 것은 아닌가 싶다. 그는 결국 물고기 뱃속에서의 회심을 통해 다시 니느웨로 가게 되지만, 그들이 곧 회개하며 주님을 향한 입장으로 돌아서는 모습을 보며 보람을 느끼기 보다는 마음 불편해하며 도시 밖을 나가버린다.

요나가 매우 싫어하고 성내며 여호와께 기도하여 이르되 여호와여 내가 고국에 있을 때에 이러하겠다고 말씀하지 아니하였나이까 그러므로 내가 빨리 다시스로 도망하였사오니 주께서는 은혜로우시며 자비로우시며 노하기를 더디하시며 인애가 크시사 뜻을 돌이켜 재앙을 내리지 아니하시는 하나님이신 줄 내가 알았음이니이다 여호와여 원하건대 이제 내 생명을 거두어 가소서 사는 것보다 죽는 것이 내게 나음이니이다 하니 (요나 4:1-3)

그는 복음의 수혜자는 자신을 포함한 유대인들에 국한되어야 한다고 생각했던 속내를 감추지 못한다. 이방인들이 너무 쉽게 은혜와 용서의 대상이 되는 이 상황을 불편하게 바라보며 거의 항거에 가까운 분노를 표현한다. 예언자의 모습으로는 정말 어울리지 않는 바로 그 모습은, 어쩌면 하나님의 사람으로 산다 자처하며 극도로 자신 중심의 이기적인 틀을 깨지 못하는 나에 대한 주님의 메아리 같은 질책이 아닐까 싶다. 결국 하나님께서는 박넝쿨을 준비하셔서 요나에게 예시로, 하나님께서 귀히 여기는 대상을 향해 함부로 판단하지 말라고 강하게 말씀해주신다.

> 하나님이 요나에게 이르시되 네가 이 박넝쿨로 말미암아 성내는 것이 어찌 옳으냐 하시니 그가 대답하되 내가 성내어 죽기까지 할지라도 옳으니이다 하니라 여호와께서 이르시되 네가 수고도 아니하였고 재배도 아니하였고 하룻밤에 났다가 하룻밤에 말라 버린 이 박넝쿨을 아꼈거든 하물며 이 큰 성읍 니느웨에는 좌우를 분변하지 못하는 자가 십이만여 명이요 가축도 많이 있나니 내가 어찌 아끼지 아니하겠느냐 하시니라 (요나서 4:9-11)

이것이 바로 종교적 배타주의와 민족적 우월주의의 민낯이다. 걸리버 역시 네 번의 여행을 통해 비슷한 경험을 한다. 처음에는 다른 민족들을 이상하고 열등한 존재로 여겼지만, 점차 자신의 편견과 오만을 깨닫게 된다. 릴리퍼트에서 걸리버는 자신을 구세주처럼 여겼다. "나는 릴리퍼트 사람들에게 그들의 적국인 블레퓌스크의 전 함대를 가져다 바쳤다. 그들은 나를 '나르닥'(최고 영예의 칭호)라 불렀고, 나는 그들의 구원자가 된 기분이었다." 하지만 브롭딩낵에서는 정반대의 경험을 한다. 특히 브롭딩낵 국왕으로부터 영국인들을 "가장 악독한 해충"이라는 평가를 받았을 때의 충격은 엄청났을 것이다.

이는 문화적 상대주의의 핵심을 드러낸다. 우리가 자랑스럽게 여기는 우리의 문명과 제도가 다른 관점에서 보면 얼마나 야만적이고 부도덕할 수 있는지를 보여준다. 오늘날 우리는 어떤가. 우리도 모르게 문화적 우월감이나 종교적 배타주의에 빠져 있지는 않을까. 다른 교단이나 다른 종교를 가진 사람들을 무조건 열등하게 여기거나, 우리만이 진리를 독점하고 있다고 생각하지는 않을까.

예수님은 "먼저 네 눈 속에서 들보를 빼어라 그 후에야 형제의 눈 속에서 티를 빼리라"(마 7:5)고 말씀하셨다. 자기 성찰 없는 비판은 위선이 될 뿐이다. 사도 바울 또한 이 문제를 깊이 이해하고 있었다.

"유대인이나 헬라인이나 하나님의 교회나 거치는 자가 되지 말고 나와 같이 모든 일에 모든 사람을 기쁘게 하여 나의 유익을 구하지 아니하고 많은 사람의 유익을 구하여 그들로 구원을 받게 하라"(고전 10:32-33)

바울은 유대인에게는 유대인처럼, 헬라인에게는 헬라인처럼 되어 복음을 전했다. 이는 문화적 겸손과 상대방에 대한 존중을 바탕으로 한 것이었다. "내가 모든 사람에게서 자유로우나 모든 사람에게 종이 된 것은 더 많은 사람을 얻고자 함이라 유대인들에게 내가 유대인과 같이 된 것은 유대인들을 얻고자 함이요"(고전 9:19-20).

요나가 마지막에 깨달은 것처럼, 하나님의 사랑은 모든 민족과 모든 사람에게 미치는 것이다. 박쥐 한 마리, 물고기 한 마리도 아끼시는 하나님이 니느웨의 12만 명이 멸망하는 것을 어찌 기뻐하시겠는가. 현대 선교학에서 강조하는 '상황화(contextualization)'는 바로 이러한 문화적 겸손에서 출발한다. 복음의 본질은 변하지 않지만, 그 표현 방식은 각 문화와 상황에 맞게 적응되어야 한다는 것이다.

# VIII. 인간관과 교회관을 정비하다

『걸리버 여행기』는 인간 본성의 어둠을 적나라하게 폭로하는 작품이다.

성경은 인간에 대해 이중적 진리를 말씀한다. 한편으로는 하나님의 형상으로 지음받은 고귀한 존재이지만, 다른 한편으로는 죄로 타락한 연약한 존재라는 것이다. "여호와께서는 모든 넘어지는 자들을 붙드시며 비굴한 자들을 일으키시는도다"(시 145:14). 하나님은 우리의 연약함을 아시고, 우리가 넘어질 때마다 일으켜 세우신다. 이것이 바로 은혜. 블레즈 파스칼의 말처럼 "세상에는 두 종류의 사람만 있다. 자신이 죄인임을 아는 의인과 자신이 의인이라고 생각하는 죄인들이다." 우리는 모두 야후와 같은 본성을 가진 존재들이다. 하지만 하나님의 은혜로 변화될 수 있다는 희망이 있다.


그렇다면 우리는 어떻게 살아야 할까? 스위프트가 『걸리버 여행기』를 통해 제시하는 삶의 지혜는 다음과 같다:

첫째, 인간에 대한 올바른 기대

인간은 신앙의 대상이 아니다. 긍휼의 대상이다. 사람은 원래 부족하고 죄된 존재다. 따라서 우리가 믿을 대상은 되지 않는다. 기대를 너무 높이면 실망할 수밖에 없다. 대신 긍휼히 여기고 사랑하되, 궁극적인 의지는 하나님께만 두어야 한다. 분노는 내가 갖고 있는 기대치와 현실 사이의 오차만큼 생긴다. 인간에 대한 기대치를 적절히 조정하면 분노할 일이 현저히 줄어들 것이다.

둘째, 교회에 대한 올바른 이해

교회는 의인이 모인 곳이 아니라 죄인이 모인 곳이다. 우리가 마음이 안 맞는 것, 속상하고 같은 의견으로 합치가 안 되는 것, 불편하게 하는 사람이 있는 것은 너무 당연하다. 교회는 원래 그런 곳이다. 기도할 때는 "그분이 어떻게 변화되시기를" 구하기보다는 "그분을 내가 수용할 수 있는 마음의 넓이를 달라"고 하는 것이 장기적으로 더 유효하다.

우리의 추한 본성을 인정할 때, 오히려 더 큰 감사가 나온다. 우리가 구원받은 것이 얼마나 큰 은혜인지 깨닫게 된다. 우리가 지금 한번 구원받고 봉사직분을 받는다 해서 안전지대에 온 것이 아니다. 날마다 죄된 본성과 싸우며, 날마다 하나님의 은혜를 의지해야 한다. 스위프트가 성직자로서 이 작품을 쓴 이유는 인간의 죄성을 폭로하되 그것이 절망이 아닌 회개로, 비관이 아닌 희망으로 이어지기를 바랐기 때문이다. 우리는 모두 걸리버와 같은 존재인지도 모른다. 때로는 교만한 거인이 되고, 때로는 연약한 미물이 되며, 때로는 현실을 도피하고, 때로는 야수 같은 모습을 드러낸다. 하지만 그런 우리를 사랑하시고 변화시키시는 하나님의 은혜가 있다.

이것이 바로 『걸리버 여행기』가 우리에게 주는 궁극적인 메시지다. 우리의 민낯을 직시하되 절망하지 말고, 하나님의 은혜를 의지하여 새로운 사람으로 변화되어 가라는 것이다. "그러므로 우리가 긍휼하심을 받고 때를 따라 돕는 은혜를 얻기 위하여 은혜의 보좌 앞에 담대히 나아갈 것이니라"(히 4:16).

걸리버의 여행이 끝나지 않았듯이, 우리의 영적 여행도 이 땅에서는 계속된다. 매일매일이 새로운 발견과 성장의 기회다. 그 여행 가운데 하나님의 은혜가 함께하신다. 스위프트가 18세기에 던진 질문들은 21세기를 살아가는 우리에게도 여전히 유효하다. 하나님이 우리에게 주신 문학과 예술, 철학과 역사의 보물들을 통해 우리는 더 깊이 자신을 알고, 더 높이 하나님을 바라보며, 더 넓게 이웃을 사랑할 수 있게 된다. 그것이 바로 인문학적 신앙의 아름다움이자, 우리가 『걸리버 여행기』를 읽어야 하는 이유다.

ята고문헌

# 참고문헌

1. 국내 도서

디포, 대니얼. 『로빈슨 크루소』. 김영선 역. 서울: 시공사, 2022.

몽고메리, 루시 모드. 『빨강머리 앤』. 강주헌 역. 서울: 세종서적, 2013. (1908년 원작, 2008년 한국판권 100주년 기념판)

몽고메리, 루시 모드. 『빨강머리 앤』. 박혜원 역. 서울: 더모던, 2019.

브라우닝, 로버트. 『로버트 브라우닝 시선』. 윤명옥 역. 서울: 지식을만드는지식, 2014.

셀리그만, 마틴. 『마틴 셀리그만의 긍정심리학』. 김인자·우문식 역. 서울: 물푸레, 2020.

셀리그만, 마틴. 『마틴 셀리그만의 플로리시: 긍정심리학의 웰빙과 행복에 대한 새로운 이해』. 우문식·윤상운 역. 파주: 물푸레, 2020.

셰익스피어, 윌리엄. 『베니스의 상인』. 김종환 역. 서울: 지만지드라마, 2024.

스위프트, 조너선. 『걸리버 여행기』. 유경희 역. 서울: 더스토리, 2023.

톨스토이, 레프. "사람에게는 얼마만한 땅이 필요한가." 『사람은 무엇으로 사는가』 홍대화 역. 서울: 현대지성, 2021.

파스칼, 블레즈. 『팡세』. 김형효 역. 서울: 문예출판사, 2003.

헤밍웨이, 어니스트. 『노인과 바다』. 김욱동 역. 서울: 민음사, 2012.

## 2. 국외 도서

Brontë, Emily.Wuthering Heights(1847). London: Thomas Cautley Newby.

Hemingway, Ernest.The Old Man and the Sea. New York: Charles Scribner's Sons, 1952.

Montgomery, L. M.Anne of Green Gables(1908). Boston: L.C. Page & Co.

Pascal, Blaise.Pensées(1670). Edited by Philippe Sellier. Paris: Classiques Garnier, 2010.

Seligman, Martin E. P.Authentic Happiness: Using the New Positive Psychology to Realize Your Potential for Lasting Fulfillment. New York: Free Press, 2002.

Seligman, Martin E. P.Flourish: A Visionary New Understanding of Happiness and Well-being. New York: Free Press, 2011.

Shakespeare, William.The Merchant of Venice. London: James Roberts, 1600.

Swift, Jonathan.Gulliver's Travels(1726). London: Benjamin Motte.

Tolstoy, Leo. "How Much Land Does a Man Need?" (1886). InWhat Men Live By and Other Tales. Translated by Louise and Aylmer Maude. London: Oxford University Press, 1934.

## 3. 성경

『성경전서 개역개정판』 4판. 서울: 대한성서공회, 1998.

The Bible: New Revised Standard Version Updated Edition. New York: National Council of Churches, 2021.

Elliger, Karl, and Wilhelm Rudolph, eds.Biblia Hebraica Stuttgartensia. 4th ed. Stuttgart: Deutsche Bibelgesellschaft, 1977.

Nestle, Eberhard, et al., eds. Novum Testamentum Graece. 28th ed. Stuttgart: Deutsche Bibelgesellschaft, 2012.

신념있는 자의 텍스트힙

# 책갈피 인문학

---

유 지 미  지은이

**초판 1쇄**  2025년 6월 25일

**발 행 인**  강대진
**편　 집**  최영란


**발 행 처**  북펀딩
**등　 록**  강남 제 2019-000337호
**주　 소**  서울시 강남구 역삼로8길 21, 2F
**번　 호**  02-540-4440
**팩　 스**  02-554-4440
**메　 일**  copyten@naver.com

© 2025, BOOKFUNDING
ISBN  979-11-7454-001-0(03230)

*이 책은 저작권법에 따라 보호받는 저작물이므로 무단복제와 무단전재를 금합니다.
*이 책 내용의 전부 또는 일부를 이용하려면 반드시 에이아이북스의 서면 동의를 받아야 합니다.